山西昔榆绿色高速公路建设与创新实践

山西昔榆高速公路有限公司 编著

人民交通出版社
北京

内 容 提 要

本书共三篇、九章,系统总结了昔榆绿色高速公路的建设经验。其中,基础篇主要关注当前我国绿色公路的发展历程以及昔榆绿色高速公路建设情况;建设篇按照绿色公路的全寿命周期思路,梳理了昔榆高速公路的绿色规划、绿色设计、绿色施工、绿色养护、绿色运营等情况;综合篇包括安全智慧与党建引领,主要关注昔榆高速公路建设所运用的智慧化手段、实现安全管理的举措,以及党建文化与绿色公路建设的创新技术、成果的融合发展情况。

本书可供公路工程绿色低碳建设与管理相关的业主、设计人员、施工人员和高等院校相关专业教学及科研工作者参考使用。

图书在版编目(CIP)数据

山西昔榆绿色高速公路建设与创新实践 / 山西昔榆高速公路有限公司编著. — 北京：人民交通出版社股份有限公司, 2024.4
ISBN 978-7-114-19445-0

Ⅰ.①山… Ⅱ.①山… Ⅲ.①高速公路—道路施工—研究—山西 Ⅳ.①U415.1

中国国家版本馆 CIP 数据核字(2024)第 058096 号

Shanxi Xi-Yu Lüse Gaosu Gonglu Jianshe yu Chuangxin Shijian

书　　名	山西昔榆绿色高速公路建设与创新实践
著 作 者	山西昔榆高速公路有限公司
责任编辑	齐黄柏盈
责任校对	孙国靖　刘　璇
责任印制	刘高彤
出版发行	人民交通出版社
地　　址	(100011)北京市朝阳区安定门外外馆斜街 3 号
网　　址	http://www.ccpcl.com.cn
销售电话	(010)59757973
总 经 销	人民交通出版社发行部
经　　销	各地新华书店
印　　刷	北京印匠彩色印刷有限公司
开　　本	787 ×1092　1/16
印　　张	14.75
字　　数	305 千
版　　次	2024 年 4 月　第 1 版
印　　次	2024 年 4 月　第 1 次印刷
书　　号	ISBN 978-7-114-19445-0
定　　价	138.00 元

(有印刷、装订质量问题的图书,由本社负责调换)

编写委员会

顾　问：杨志贵　武建勇　杨建红　陈　俊　郭聪林　王润民
　　　　刘瑞斌　汪　伟
主　编：温郁斌　赵景鹏　张雪峰　马冬云　魏　杰　张静晓
副主编：孟续峰　张礼宁　苏　强　张大海　贾坚华　梁新春
　　　　杨志芳　宗敬云　宋庆瑞　李逢晟　陈　强
编　委：张　敏　吕雪冰　高国栋　李　飞　王培剑　许桂青
　　　　张永刚　成治纲　尹晋相　贺明俊　成丽萍　张宏伟
　　　　刘换青　苗秋福　郭　宏　武晓燕　王贵文　张中军
　　　　耿晓勇　吕锦峰　刘　鹏　闫　鹏　郭　宾　宁　静
　　　　张永军　杜庆宏　王利斌　张海亮　程高峰　宋建花
　　　　李　涛　朱昌华　奚加法　秦　戈　李　忠　柴　明
　　　　丁胜利　张星全　程　钾　王　辉　王维平

序言

昔榆通途,晋冀要道。昔阳(晋冀界)至榆次高速公路(简称"昔榆高速公路")是《山西省省道网规划(2021—2035年)》中高速公路网布局"4纵15横33联"第八横的重要一段,也是山西省交通运输厅以交通强国建设为试点,奋力打造的重点高速公路绿色示范项目。山西昔榆高速公路有限公司(简称"昔榆公司")牢牢把握交通运输部发布的《公路"十四五"发展规划》与《绿色交通"十四五"发展规划》,立足新发展阶段、贯彻新发展理念、构建新发展格局,发挥公路交通先行引领和基础保障作用,提高供给的有效性和适配性,提升出行服务品质和运输效率,注重安全保障和绿色发展,推动公路交通高质量建设。

昔榆公司以质量优良、安全耐久为前提,坚持科学发展、统筹协调、创新驱动、因地制宜,在工程建设的"资源节约、生态环保、节能高效、服务提升"四个方面实现突破,形成可复制、可推广的山区高速公路绿色施工技术,实现"一条大道、两路风景、三季有花、四季常绿"目标。在绿色公路建设中,昔榆公司注重生态保护、统筹布设、永临结合、创新驱动、科学高效,以理念提升、创新引领、示范带动、制度完善为途径,加强绿色科技研究,推动绿色公路建设发展转型升级,为我国绿色高速公路建设的理念发展和实践探索提供思路与经验。

本书基于昔榆高速公路项目绿色公路建设,从基础篇、建设篇、综合篇入手,系统总结了昔榆绿色高速公路的建设经验。其中,基础篇包括绿色公路建设发展和昔榆绿色高速公路建设两个章节,主要关注当前我国绿色公路的发展历程以及昔榆绿色高速公路建设情况;建设篇按照绿色公路的全寿命周期思路,梳理了昔榆高速公路的绿色规划、绿色设计、绿色施工、绿色养护、绿色运营等情况;综合篇包括安全智慧与党建引领,主要关注昔榆高速公路建设所运用的智慧化手段、实现安全管理的举措,以及党建文化与绿色高速公路建设的创新技术、成果的融合发展情况。

昔榆公司精准把握绿色高速公路的发展内涵，统筹抓好各项重点工作，谱写"绿色、品质、平安、智慧、廉洁、美丽"昔榆新篇章，为基本建成安全、便捷、高效、绿色、经济的现代化公路交通运输体系的2035年远景目标作出昔榆贡献！

山西交通控股集团有限公司副总经理
山西路桥建设集团有限公司党委书记
2024年4月

前言

PREFACE

昔贤德韵传千古，榆绿画廊绘新篇。山西昔阳（晋冀界）至榆次高速公路（简称"昔榆高速公路"）是晋中市交通建设领域"一号"工程，是山西省重点工程，《山西省"十三五"综合交通运输体系规划》中明确的重点项目，是《山西省省道网规划（2021—2035年）》中高速公路网布局"4纵15横33联"第八横的重要一段，也是国家发展改革委《关于支持山西省与京津冀地区加强协作实现联动发展的意见》中提及的重点建设项目，项目建成后对山西省中部地区联通京津冀、改善区域经济发展环境具有重大战略意义。

从项目筹备之日起，山西昔榆高速公路有限公司（简称"昔榆公司"）深刻领悟绿色公路的建设内涵，以"机械化换人、自动化减人、智能化无人"的新理念、新模式，推广应用一系列生态环保材料和实用型科技创新成果；以绿色智慧引领，紧握创新、高科技、高效能，实现品质工程高质量发展，大幅提升昔榆绿色高速公路建设全要素生产率；落地新质生产力的核心特征，托底项目生产力质态，提升山西路桥建设集团有限公司公路工程建设的"含绿量""含新量""含金量"。

征程万里风正劲，重任千钧在奋发。项目建设以来，昔榆公司以党建为引领，坚持"干"字当头、"实"字托底，指挥体系高效运转，部门单位齐抓共管，党员干部带头示范，督查问责较真碰硬，用必成的信念、临战的姿态、扎实的举措，主动担当，高质量、高速度、高效益地完成项目建设任务。

拼搏百程云更阔，担当千钧心更坚。在项目管理过程中，昔榆公司贯彻"锚定目标不动摇、紧盯任务不减量、保持劲头不放松"的方针，以打造交通运输部绿色公路建设典型示范工程的目标为落脚点，创建"54321"建设管理体系和"1442"工作运行机制，打造"2361"数字管理平台，发扬"融合、创新、拼搏、卓越"的山西路桥精神，高效推进工程进度，大幅提升管理水平。

路行千里志不摇,使命如山力无穷。在项目建设过程中,各参建单位以关键节点工程为破局手段,拿出"钉钉子"的精神、"啃骨头"的韧劲、"抓铁有痕"的劲头,坚持绿色引领,对标高质量建设要求,助推新质生产力形成,采取超常规思路、超常规举措、超常规办法,稳步推进施工进度,工程建设全面攻坚。

忆往昔岁月峥嵘,看今朝豪情满怀。2020年以来的四年,是昔榆高速公路建设"攻坚克难作表率"的四年,是"深入人心赢口碑"的四年。昔榆公司承办第六届全国BIM学术会议现场观摩交流会、第六届平安百年品质工程交流会暨山西昔榆高速公路绿色智慧双示范工程现场观摩会,为交通强国建设提供"昔榆经验"。与此同时,举办全省施工现场标准化观摩暨隧道涌水及坍塌事故应急救援演练,代表山西省迎接交通运输部"三送行动"专家组的调研与考察,并获得山西省五一劳动奖状、山西省高质量发展典范企业等诸多荣誉。

卓越善治,大道腾飞,一路风景,功成致远。昔榆高速公路建成通车,将对改善晋中区域经济纵深发展条件、托举中部盆地城市群建设发挥重要作用!未来,昔榆公司将在全方位推动山西高质量发展的新征程上作出更大的贡献!

山西路桥建设集团有限公司副总经理
山西昔榆高速公路有限公司党委书记、董事长
2024 年 4 月

目录
CONTENTS

第一篇 基础篇 1

第一章 绿色公路建设发展 …………………………………………… 3
第一节 绿色公路概述 …………………………………………… 4
第二节 绿色公路建设的基本要求 ……………………………… 8
第三节 绿色公路的政策标准 …………………………………… 13

第二章 昔榆绿色高速公路建设 ……………………………………… 21
第一节 项目概况 ………………………………………………… 22
第二节 总体建设 ………………………………………………… 27
第三节 统筹规划 ………………………………………………… 33

第二篇 建设篇 41

第三章 绿色规划 ……………………………………………………… 43
第一节 绿色规划概述 …………………………………………… 44
第二节 绿色规划内容 …………………………………………… 46
第三节 绿色规划成效 …………………………………………… 57

第四章　绿色设计 · · · · · · 63

第一节　绿色设计概述 · · · · · · 64

第二节　绿色设计技术与措施 · · · · · · 67

第三节　绿色设计成效 · · · · · · 98

第五章　绿色施工 · · · · · · 103

第一节　绿色施工概述 · · · · · · 104

第二节　绿色施工技术与措施 · · · · · · 105

第三节　绿色施工成效 · · · · · · 152

第六章　绿色养护 · · · · · · 155

第一节　绿色养护概述 · · · · · · 156

第二节　绿色养护技术与措施 · · · · · · 158

第三节　绿色养护成效展望 · · · · · · 166

第七章　绿色运营 · · · · · · 169

第一节　绿色运营概述 · · · · · · 170

第二节　绿色运营管理 · · · · · · 172

第三节　绿色运营成效展望 · · · · · · 184

第三篇　综合篇　187

第八章　安全智慧 · · · · · · 189

第一节　安全智慧概述 · · · · · · 190

第二节　安全智慧监测 · · · · · · 191

第三节　安全智慧生产 · · · · · · 197

第四节　安全智慧节能 · · · · · · 200

第九章　"党建+"融合发展，引领绿色高速公路建设 · · · · · · 205

第一节　党建引领绿色发展要求 · · · · · · 206

第二节　党建引领环保目标 · · · · · · 209

第三节　党建引领党组织生活 · · · · · · 212

参考文献 · · · · · · 219

第一篇
PART 01

基 础 篇

第一章
CHAPTER 01

绿色公路建设发展

第一节 绿色公路概述

一、绿色公路的定义

党的十八大以来,我国高度重视生态文明与绿色发展建设,交通运输部相继打造绿色公路建设典型示范工程、绿色公路相关主题性示范工程,并颁布绿色公路建设的相关文件,各地方政府也相继发布一系列绿色公路建设的相关标准,并对绿色公路的含义作出界定,如图 1-1 所示。

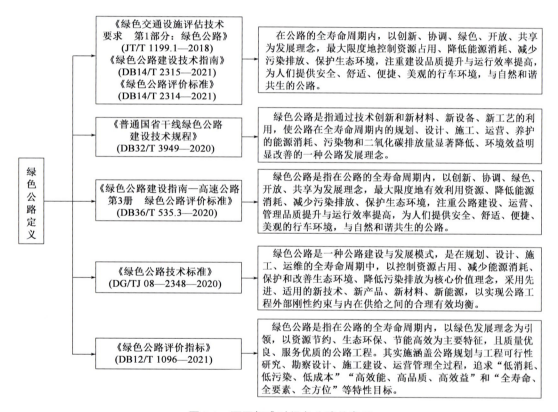

图 1-1 不同标准对绿色公路的定义

2016 年,交通运输部印发《关于实施绿色公路建设的指导意见》。该指导意见是我国绿色公路建设的指导性文件,对绿色公路的发展起到了强有力的推动作用。绿色公路是在公路全寿命周期内,全要素、全方位地贯彻绿色发展理念,通过建造技术与运营管理创新驱动等手段,最大限度地降低资源的消耗、污染的排放,加强对生态环境的保护,实现公路运行效率及服务品质的提升的一种可持续性公路。

绿色公路建设采用系统论的方法,从全寿命周期成本出发,统筹公路选线、设计、施工、养护、运营全过程,以保证工程质量为前提,权衡公路的品质建设、资源利用、环境影响、运行效率之间的关系。与传统公路相比,绿色公路在以下三个方面实现转变:一是从传统的注重功能和经济效益转变为综合考虑经济、环境、社会的可持续发展;二是从单纯重视公路经济、技术方面的合理可行转变为对项目规划、设计、建设、运营、管理等各阶段的综合评价;三是从重视当前利益、关注代内公平转变为注重保护生态环境、延长公路使用寿命、促进材料循环利用。

绿色公路的内涵

绿色公路建设需要重点协调两个统筹关系、瞄准四个绿色要素、实现四个重点目标。

(一) 协调两个统筹关系

一是公路建设与绿色发展理念之间的平衡关系,即统筹公路品质建设、资源利用、环境影响、运行效率之间的关系,努力实现公路、环境、社会等方面之间的系统平衡与协调;二是公路建设全寿命周期的各个阶段之间的协调关系,即统筹公路选线、设计、施工、养护、运营全过程,以最少的资源占用、能源耗用、污染排放、环境影响,实现外部刚性约束与公路各阶段的统筹和平衡。

第一个"统筹"强调系统论的观点,统一了公路建设与绿色发展各个特征要素之间的关系;第二个"统筹"则体现全寿命周期的思想,统一了公路建设与其自身各个周期阶段的关系。这两个"统筹"既是绿色公路的实现途径,也是绿色公路建设的思想精髓。

(二) 瞄准四个绿色要素

一是生态环保。生态环保是绿色公路建设的首要任务。绿色公路的建设需要从全过程控制与全方位综合统筹考虑。采取生态设计,制定施工环保专项方案,做好敏感水源路段的路面径流收集规划与危险品防范工作。在公路建设施工过程及运营期,要加强对原有地表植被、表层土壤资源、生态敏感区等的保护,保证临时用地的生态恢复效果。绿色公路的建设既考虑行业和社会经济的发展,也追求对生态环境的破坏最小化和修复最大化,实现人与自然、公路与自然的和谐平衡。

二是污染防治。污染防治是绿色公路建设的重要工作。公路在建设与运营的过程中产生的污染物排放不仅破坏自然环境,也危害周边居民身体健康,妨碍沿线区域经济发展,甚至可能引发和加剧社会矛盾。因此，绿色公路建设必须对污染物排放进行严格控制，落实污水、扬尘等的处理与监管措施，提升服务区污水排放处理效率。其中，污染物排放需要严格满足国家和地方的要求，在部分敏感区域和路段达到"零排放"。此外，采取一切有力措施降低污染程度，减小公路建设对沿线环境和社会带来的负面影响，提高生态恢复与污染防治效果。

三是资源节约。资源节约利用是绿色公路建设的首要前提。高速公路在建设和运营时，需要占用大量资源，包括公路本身占用的路网和廊道资源、新建和扩建公路占用的土地资源，以及公路施工和管养过程中消耗的建材、水、矿产资源等。因此，绿色公路的建设需从全寿命周期的角度出发，全面统筹规划资源利用，即因地制宜地采用用地规划策略，实现土地资源的严格保护；通过公路施工废旧材料处理再利用、工业废料综合利用、节材与节水应用等，实现公路建设全过程的资源节约与高效利用。

四是能源优化。能源优化是绿色公路建设的第一要义。在绿色公路的全寿命周期中，可以从提高能源使用效率和绿色能源的推行两个角度实现能源的优化。通过优化设计、完善管理以及运用高效智能的新技术、新设备等，提高传统能源利用效率，减少总体耗能需求。促进清洁能源和可再生能源在公路建设和运营阶段的推广应用，减少对传统能源的依赖，实现公路建设全过程碳排放降低，为未来绿色能源的全面使用积累经验。

(三) 实现四个重点目标

深化绿色公路建设，既要注重公路本身经济合理性、技术可行性，又要注重安全、耐久、节约、环保、可持续发展的多目标最优和多系统统筹协调，提升公路建造品质和安全耐久性。具体应实现以下四个重点目标：

一是技术创新。技术创新是绿色公路建设的根本保证。绿色公路不仅需要技术创新，也需要理念创新和机制创新；既要寻求新的方法、手段解决现存问题，也要将已有的技术、措施应用到更广阔的领域；还可以通过对沿线服务设施的改造升级和引进新型技术手段，实现多元化、信息化、智能化的服务设施的科学合理设置。在运维阶段，应用各种信息化手段为公路出行者提供信息化数据，建立公路出行智能化管理与服务体系。在开展绿色公路关键技术研究的同时，也要总结推广公路建设、管理的新经验。

二是降本增效。降本增效是绿色公路建设的直接目的。绿色公路要从全寿命周期的角度考虑建设和维护的成本，强调系统性，强化结构设计与养护设施的统一，将公路运营和维护一并纳入工程设计与建设的考虑范围。通过新技术、新工艺、新材料和新机制的应用，延长公路使用寿命，降低公路运营养护成本，提高公路养护便利化水平，提高工程耐久性。努力做到满足其社会服务功能和价值的同时，最大限度地降低成本。

三是品质提升。提升工程品质是建设绿色公路的充要条件，即以绿色公路为核心思想，建设的工程项目必须具备优良工程品质。与之对应,具备优良工程品质的公路也能够更契合绿色公路的各项特征要求。即重视工程质量提升是建设绿色公路的必要条件,打造绿色公路是实现工程品质提升的充分理由。工程品质的提升需注重对公路建设全过程的质量管控。具体而言,通过合理完善的设计、规范标准的施工,深化现代工程管理和施工标准化,探索推进工业化建造,提升公路工程建设品质。

四是文化传承。文化传承是绿色公路建设的基本目标。随着社会发展与消费升级,人们的出行方式也逐渐丰富和多元化。绿色公路要适应这种变化并把握变化带来的机遇,以服务提升与舒适美观为具体抓手,顺应公路沿线自然生态环境特点。充分考虑旅游公路和旅游风景道的建设要求,认真分析沿线社会经济、区域文化、旅游资源等要素,准确把握沿线的环境特点和服务需求,丰富完善公路旅游服务功能,努力实现公路本身及沿线附属设施与公路周围景观环境的有机融合。促进交旅融合,提高公路使用者个性化出行的便利度,并广泛宣传公路发展历程,普及行业知识,扩展公路文化,传承公路历史,弘扬公路精神,顺应新时代文化建设要求。

公路发展要实现向绿色公路的转变,并表现出有别于传统公路的新风貌。必须牢牢把握绿色公路的内涵(图1-2),按照系统论和全寿命周期的思想,以工程质量、安全、耐久为根本,协调两个统筹关系、瞄准四个绿色要素、实现四个重点目标,以理念提升、创新引领、示范带动、制度完善为途径,推动公路建设发展的转型升级。

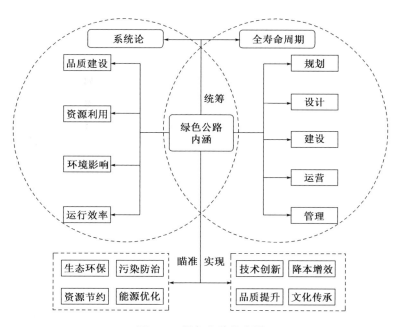

图1-2 绿色公路的内涵

三 绿色公路的特征

绿色公路的建设需要充分考虑沿线区域社会发展的现状以及沿线资源环境的承载能力，秉持节约优先、保护优先的原则，将绿色环保理念应用于公路交通建设和发展的全过程。绿色公路的主要特征可归纳为"三高、三低、三全"："三高"是指高效能、高效率、高效益，"三低"是指低消耗、低排放、低污染，"三全"表示全寿命、全要素、全方位。

（一）高效能、高效率、高效益

高效能即在整个寿命周期内，通过提升技术水平、综合运用各种措施，达到整体运行效率和服务能力的最大化；高效率要求最有效地使用自然、社会及经济资源，达到资源配置效率最优；高效益要求以最小的环境和资源代价获得可持续发展的最大利益，实现经济效益、社会效益和环境效益的有机统一。

（二）低消耗、低排放、低污染

低消耗即节约资源、降低能耗，在确保安全、耐久的前提下，公路建设优先采用可再生材料、可降解材料，促进材料循环利用，通过提升材料品质不断提高工程耐久性，体现节约资源的要求；低排放要求建设过程中有效收集处理废水、废气，最大限度减少污染物排放；低污染要求注重环境平衡，尽量避免对环境造成污染，保护沿线环境、资源和生物多样性。

（三）全寿命、全要素、全方位

全寿命周期要求坚持系统论思想，将绿色发展理念贯穿规划、设计、建设、运营、养护整个周期的各个阶段；全要素要求综合考虑各方面要素，贯彻安全、耐久、节约、高效、环保、健康等要求；全方位要求除公路主体工程外，还应在附属设施建设及公路运营等方面践行绿色发展理念。

第二节　绿色公路建设的基本要求

一 绿色公路建设的原则与任务

交通运输部印发的《关于实施绿色公路建设的指导意见》明确了绿色公路建设需要把握的基本原则和主要任务。

(一)基本原则

坚持可持续发展。高度重视公路、环境、社会各方面、各要素的关系,提高资源和能源利用率,发挥公路先导性和基础性作用,实现在发展中保护、在保护中发展。

坚持统筹协调。统筹公路规划、设计、建设、运营、管理、服务全过程,强调均衡协调,突出建管养运并重,降低全寿命周期成本。

坚持创新驱动。大力推动理念创新、技术创新、管理创新和制度创新,强化创新的驱动与支撑作用,为公路建设注入强大动力。

坚持因地制宜。准确把握区域环境和工程特点,明确项目定位,确定突破方向,开展有特色、有亮点、有品位的工程设计,因地制宜建设绿色公路。

(二)主要任务

绿色公路建设的主要任务为:统筹资源利用,实现集约节约;加强生态保护,注重自然和谐;着眼周期成本,强化建养并重;实施创新驱动,实现科学高效;完善标准规范,推动示范引领。

二 绿色公路建设的影响因素

绿色公路建设过程中,不仅会受到设计、建设等一系列因素的综合影响,还会受到政治、经济、法律、自然条件、工程周围基础设施及服务状况、工程相关者以及其他因素影响。

具体而言,政治因素是指政府对绿色公路工程建设所持态度,其提供的相关服务、办理事务的效率将显著影响项目的推进。经济因素是指国家经济发展水平、资源配置、行业结构方面的要素,即社会经济的发展情况、国家的相关财政计划与财政状况、工程建设的资金来源和货币政策等。法律因素是指与公路工程建设有关的外部的法治体系、地方性法规政策等。政治因素、经济因素及法律因素会对绿色公路工程建设产生重大且直接的影响。

自然条件因素是指绿色公路工程所在区域的资源、自然条件和气候状态,同时,绿色公路工程周边的生活设施、现场的临时设施以及通信条件也会影响工程的建设。与工程建设相关的投资方、业主和使用者,或是承包商以及周边的企业和居民等,会对工程建设产生或多或少的影响。其他因素包括社会人文因素、参与工程建设的相关人员(如建设工人及管理人员)的状况,以及所使用的相关技术标准规范等。

三 绿色公路建设的核心思想

绿色公路建设要牢牢把握系统论思想、全寿命周期思想和生态环保思想。公路的全寿命周期包括规划、设计、运营和管理等各阶段。这是一个系统的工程,而这一系统的各个部分均应当将生态环保这一理念融入其中,实现可持续发展。

(一) 系统论思想

绿色公路建设系统是建立在发展与环境相协调的基础之上,以生态系统的良性循环为基本原则,综合考虑规划、设计、施工、运营、管理的全过程,结合环境、经济和社会发展状况而建立起来的公路建设系统。因此,绿色公路建设系统是一个由多层次、多变量组成的时间和空间相协调的系统,与自然、资源、环境、经济等要素紧密联系。绿色公路建设系统与社会经济系统、自然生态系统之间的关系是辩证统一的。然而,公路的建设受到自然条件的制约,进而导致绿色公路建设系统作为人工系统又无法完全与自然系统对立。因此,绿色公路建设的系统理念要求用哲学的观点把公路与自然环境看成既对立又统一的综合体。

(二) 全寿命周期思想

绿色公路建设的基本理念是全寿命周期理念,即从全寿命周期的角度出发,统筹公路规划设计、建设施工、运维管理全过程,协调资源、能源、生态、环境等各方面,从源头上为工程建设选择合适的工艺、材料和技术,并将"绿色低碳思想"与"建管养一体化设计思想"应用在合理可行的技术方案中。强调注重建设质量和工程耐久性,降低全寿命周期成本和全过程环境影响,以实现资源耗用、污染排放的最小化和公路运行效率、服务品质的最大化。

规划设计阶段是绿色公路建设的最初阶段,决定了后续阶段的发展方向,其重要性显而易见。如果道路规划选线存在问题,必然会增大施工阶段的工程量,进而导致生态环境破坏等问题。而在建设施工阶段,如果存在建设质量不过关或用料不适宜等问题,同样会增加整体的运营成本,降低项目的绿色化水平。此外,绿色公路运维管理的时间相对较长,如果要落实绿色公路的真正意义,必然方式便是实现全寿命周期管理。

(三) 生态环保思想

在绿色公路建设中,生态环保思想起着重要的引导作用,不仅有助于提高公路的生态环境效益,还能推动公路工程与沿线生态环境的协同发展。生态环保思想是指对环境进行生态保护,为保障社会生产建设活动的可持续发展而采取一系列环保措施,从而让人类与自然友好共存,实现和谐统一。

随着国家对生态环保的日益重视,以及全社会对生态环境认识的不断加强,生态环保思想已经深入绿色公路建设的各个环节。一方面,绿色公路的建设需要充分发挥自身作用,更好地保护公路周边环境,对沿线生态进行有效的保护与修复;另一方面,在生态环保思想的指导下,充分利用公路沿线的自然环境,让驾乘人员感受到自然环境的魅力,拥有愉悦的驾车和乘车体验。

四 绿色公路建设的要点

(一) 规划设计阶段——绿色环保

绿色公路的规划设计阶段,应将生态环保思想融入其中,在质量优良的前提条件下积极贯彻"安全、耐久、节约、和谐、环保"理念。由于绿色公路设计具有系统性,考虑问题时应从全局出发,对其提出总的目标和功能上的要求。规划阶段的主要目标是比较不同规划形式下,绿色公路对环境具有何种影响,并以此为基础,估算该方案的环境投资额,并将其纳入整体的项目经济分析中,保证在考虑经济性的情况下能够顺利实施。设计阶段的目标主要是将各部分的指标设置得更加合理,并在施工图设计中落实环境保护、资源集约等。绿色公路规划设计阶段应重点考虑以下三点:

一是注重资源集约利用。减少资源占用、节约集约利用资源是绿色公路建设阶段需要考虑的重要因素。首先,在设计阶段就需要对工程用水进行合理规划,根据地形地貌、自然环境等条件,合理选择取水形式,避免"透支"地下水资源,同时也要规划好工程污水与废水的处理工作,必须做到达标后排放;其次,严格保护土地资源,最大限度地节约土地资源,路线设计要尽量避让基本农田,减少耕地、林地和草地等优质土地资源占用,做好取弃土场等场站设计;最后,集约利用走廊通道资源,即路线的布设要统筹规划、合理布局、集约高效,鼓励公路与铁路、高速公路与普通国省干线共用走廊带资源,对于过江通道资源紧张的地区,可考虑高速公路与地方道路、公路与铁路等共用通道,合建过江桥梁。

二是强调设计降本增效。公路设计要考虑公路的运营和维护,通过提高管理水平和强化组织协调能力,实现人工、设备等成本的降低,力求实现全寿命周期成本最低。公路设计严格遵守生态环境保护相关规定,落实生态选线,依法避绕生态环境敏感区,大力推行生态环保设计和生态防护技术。公路设计要合理控制路基填挖,统筹土方调配,努力实现"挖用平衡"。推进绿色服务区设计,开展服务区节能、节地设计,增加绿地,大力开发公路旅游功能。

三是推进技术新益求新。推进智慧公路建设,在设计中推广建筑信息模型(BIM)+ 地理信息系统(GIS)、物联网、云计算、数字孪生、车路协同等新技术,这也是未来交通运输发展的重要方向。从长远来看,推进技术新益求新能够激发新需求、创造更多新业态,是实施创新驱动发展战略的重要基石、行业转型升级的重要支撑。

(二) 建设施工阶段——低碳降耗

绿色公路建设施工阶段的目标主要是将环境保护方面的要求以及相关设计落实到实际施工建设中,即按照绿色施工要求,在保证工程质量、安全的条件下采取各项绿色施工措施，以求最大限度地保护生态环境、尽最大可能降低公路工程带来的环境影响，提高资源利用效率、降低能源消耗和减少污染物排放。绿色公路建设施工阶段应当考虑以下两点：

一是严格遵守技术标准。国家和行业发布的绿色公路相关技术标准已对绿色公路施工过程的建设管理、工地建设、安全生产管理、各单项工程、工程监理及试验检测、临时用地及用电等方面做了明确规定。因此，在绿色公路建设过程中，要严格做到以下四点：一是明确建设、施工单位环境保护责任，绿色公路建设组织机构及工作机制得到落实；二是全面实施标准化施工，建立标准化施工长效机制；三是推广应用新技术、新工艺，提高工程建设机械化、工厂化、装配化水平；四是严格环境保护，即建设施工过程符合国家、行业和地方的各项规定，切实保护当地生态环境。

二是采取低碳降耗措施。公路工程建设过程中，碳排放的主体是车辆。因此，采取减少车辆运行的方式可以提高公共交通的便利性，有效减少公路建设期的碳排放量。此外，可以将施工现场的永久道路与临时道路、永久室外设施与临时室外设施、永久围墙围挡与临时围墙围挡等结合使用，做好永临结合。采用科学合理的工艺方法，有助于避免材料的浪费与占用，降低能源消耗，更可实现科学处理废旧材料，有效减少建筑材料消耗和污染排放。在施工过程中，还应采取一切有效措施，节约施工临时用地及用电。

(三) 运维管理阶段——智慧节能

与一般公路相比，绿色公路更加注重运营期的环境管理。对公路工程所在的自然环境与经济环境进行合理定位，充分考虑实际情况，采取合理的运营方案，对公路进行及时性的养护，注重公路养护的前瞻性、便利性，并对其造成的污染进行监控与防治。

绿色公路在运维管理时，应尽可能使用高新技术对线路进行规划，有效减少车辆在公路上的时间消耗，进而有效减少碳排放量，同时有助于促进区域间交通事业的稳定发展。对于绿色高速公路，可将高速公路电子不停车收费系统(ETC)与公益服务、个性化定制服务相结合，打造公路出行信息服务体系，使得绿色公路的服务功能与服务方式更加丰富多元。

绿色公路在规划设计、建设施工及运维管理的全寿命周期中，将系统论思想、生态环保思想融入其中，牢牢把握四大基本原则，落实五大主要任务，贯彻落实绿色理念建设，为社会带来更高的生态环境效益，实现绿色公路与环境、社会之间的平衡与协调。

绿色公路建设基本要求如图1-3所示。

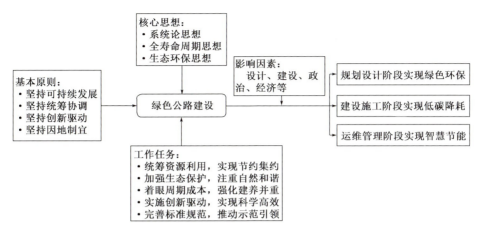

图 1-3　绿色公路建设基本要求

第三节　绿色公路的政策标准

党的十八届五中全会提出创新、协调、绿色、开放、共享的新发展理念,强化交通建设领域绿色发展顶层设计,为公路建设绿色化发展提供指导思想与路径规划。交通运输部制定了一系列与绿色公路相关的政策指导文件、建设技术规范、法律保证措施、评价指标等,鼓励和推动全行业积极开展绿色公路探索和实践,全国各地先后开始了以"生态保护、资源节约、节能低碳"为核心的绿色公路建设。绿色公路政策标准时间轴如图 1-4 所示。

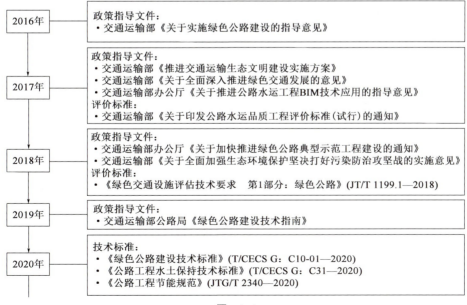

图　1-4

```
┌─────┐    ┌──────────────────────────────────────────────────────┐
│     │    │ 政策指导文件:                                          │
│     │    │ • 交通运输部科学研究院《中国可持续交通发展报告》          │
│2021年│───▶│ "十四五"发展规划:                                      │
│     │    │ • 交通运输部《绿色交通"十四五"发展规划》                  │
│     │    │ 技术标准:                                              │
│     │    │ •《公路交通安全设施施工技术规范》(JTG/T 3671—2021)       │
│     │    │ •《公路工程利用建筑垃圾技术规范》(JTG/T 2321—2021)       │
└─────┘    └──────────────────────────────────────────────────────┘
┌─────┐    ┌──────────────────────────────────────────────────────┐
│2022年│───▶│ "十四五"发展规划:                                      │
│     │    │ • 交通运输部《公路"十四五"发展规划》                      │
│     │    │ 技术标准:                                              │
│     │    │ • 交通运输部《绿色交通标准体系(2022年)》                  │
└─────┘    └──────────────────────────────────────────────────────┘
┌─────┐    ┌──────────────────────────────────────────────────────┐
│2023年│───▶│ "十四五"发展规划:                                      │
│     │    │ • 交通运输部等五部门《加快建设交通强国五年行动计划(2023—2027年)》 │
└─────┘    └──────────────────────────────────────────────────────┘
```

图 1-4　绿色公路政策标准时间轴

一　绿色公路的政策指导文件

2016年,交通运输部印发《关于实施绿色公路建设的指导意见》(图1-5),使绿色公路的相关评价及评估有标准可依,并能利用建设经验指导后期建设。

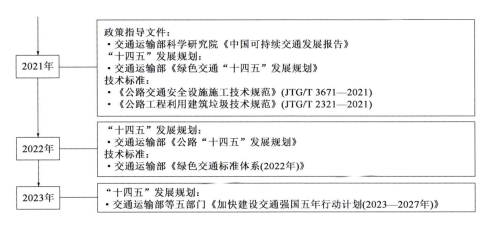

图 1-5　《关于实施绿色公路建设的指导意见》网站公示截图

2017年,交通运输部印发《推进交通运输生态文明建设实施方案》《关于全面深入推进绿色交通发展的意见》等规划性政策文件。这些文件均提出应当大力发展绿色公路建设。要求把生态保护理念贯穿到交通基础设施规划、设计、建设、运营和养护全过程,着力开展绿色公路等的创建活动。在公路沿线开展路域环境综合整治。积极推行生态环保设计,倡导生态选线选址,严守生态保护红线。完善生态保护工程措施,合理选用降低生态影响的工程结构、建筑材料和施工工艺，尽量少填少挖，追求取弃平衡。同年，交通运输部办公厅印发《关于推进公路水运工程 BIM 技术应用的指导意见》(图 1-6)，旨在利用 BIM 技术加强公路工程全寿命周期管理，实现工程设计、施工、养护、运营管理信息传递共享和工作协同，促进工程建设项目全程信息化，提升公路工程建设品质，提高管理效率和效益。

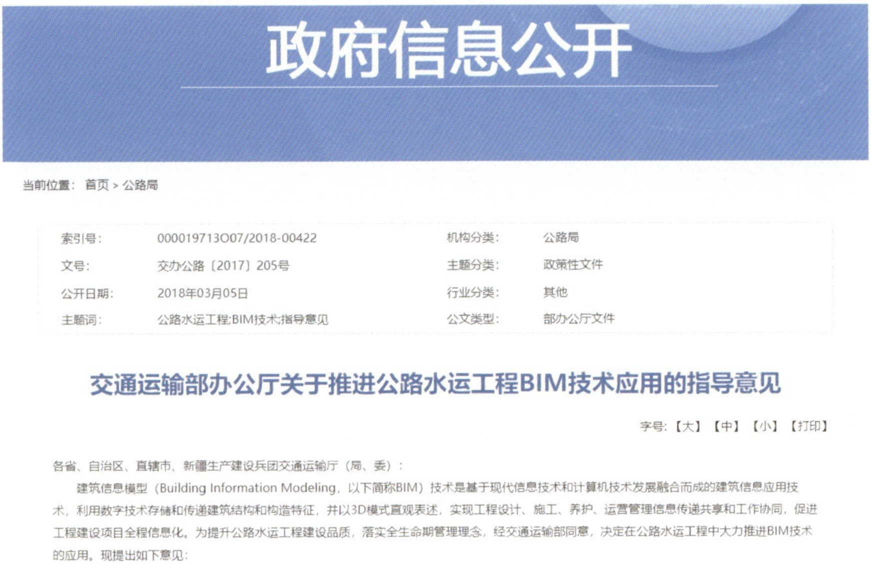
政府信息公开

当前位置：首页 > 公路局

索引号：	000019713O07/2018-00422	机构分类：	公路局
文号：	交办公路〔2017〕205号	主题分类：	政策性文件
公开日期：	2018年03月05日	行业分类：	其他
主题词：	公路水运工程;BIM技术;指导意见	公文类型：	部办公厅文件

交通运输部办公厅关于推进公路水运工程BIM技术应用的指导意见

字号：【大】【中】【小】【打印】

各省、自治区、直辖市、新疆生产建设兵团交通运输厅（局、委）：

建筑信息模型（Building Information Modeling，以下简称BIM）技术是基于现代信息技术和计算机技术发展融合而成的建筑信息应用技术，利用数字技术存储和传递建筑结构和构造特征，并以3D模式直观表述，实现工程设计、施工、养护、运营管理信息传递共享和工作协同，促进工程建设项目全程信息化。为提升公路水运工程建设品质，落实全生命期管理理念，经交通运输部同意，决定在公路水运工程中大力推进BIM技术的应用。现提出如下意见：

图 1-6 《关于推进公路水运工程 BIM 技术应用的指导意见》网站公示截图

2018 年，交通运输部印发《关于全面加强生态环境保护坚决打好污染防治攻坚战的实施意见》。该文件明确提出全面推进绿色交通基础设施建设，强调将绿色发展理念贯穿于交通基础设施工可、设计、建设、运营和养护全过程，通过土地节约、材料节约及再生循环利用、生态环境保护等举措，积极推进绿色公路建设。其中，山西路桥建设集团有限公司(简称“山西路桥集团”)建设的阳城至济源高速公路阳城至蟒河段入选交通运输部发布的第三批绿色公路建设典型示范工程。

2019 年，为完善绿色公路建设技术体系，交通运输部公路局组织编制并出版《绿色公路建设技术指南》，明确绿色公路的建设要求，并全面指导绿色公路建设。

2021 年，交通运输部科学研究院编制的《中国可持续交通发展报告》在第二届联合国全球可持续交通大会官方网站发布。该报告指出，中国交通坚持全寿命周期绿色发展理念，实施绿色设计、绿色施工及绿色运维，提升基础设施绿色发展水平；大力推广路域生态防护与修复等方面的先进适用技术和产品，加强生态保护，注重自然和谐。

二 绿色公路的“十四五”发展规划

2021 年，交通运输部印发《绿色交通“十四五”发展规划》(图 1-7)。该文件明确指出，以“十四五”新开工高速公路和普通国省干线公路为重点，推进施工标准化和工业化建造，鼓励施工材料、工艺和技术创新。推动交通基础设施标准化、智能化、工业化建造，强化永临结合施工，推进建养一体化，降低全生命周期资源消耗。加强服务区污水、垃圾等污染治理，鼓励老旧服务区开展节能环保升级改造，新建公路服务区推行节能建筑设计和建设。

首页 > 政策 > 国务院政策文件库 > 国务院部门文件　字号：默认 大 超大 | 打印 收藏 留言 |

标　题：交通运输部关于印发《绿色交通“十四五”发展规划》的通知	发文机关：交通运输部
发文字号：交规划发〔2021〕104号	来　源：交通运输部网站
主题分类：工业、交通\其他	公文种类：通知
成文日期：2021年10月29日	

交通运输部关于印发《绿色交通“十四五”发展规划》的通知

交规划发〔2021〕104号

各省、自治区、直辖市、新疆生产建设兵团交通运输厅（局、委），部管各社团，部属各单位，部内各司局：

现将《绿色交通“十四五”发展规划》印发给你们，请认真贯彻落实。

交通运输部

2021年10月29日

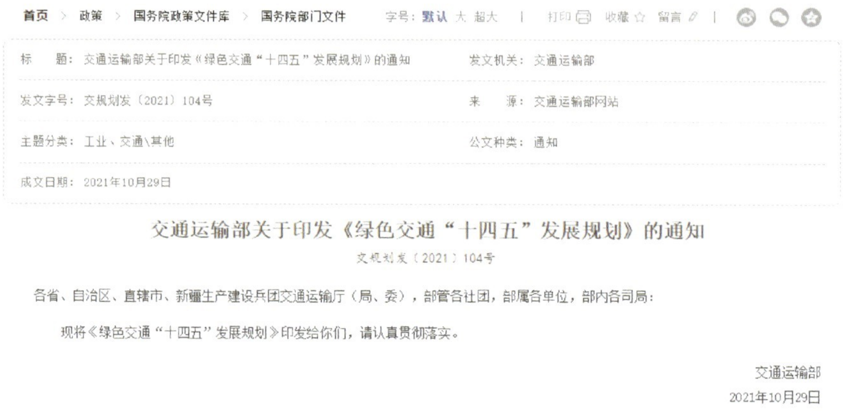

图 1-7　《绿色交通“十四五”发展规划》网站公示截图

2022 年，交通运输部印发《公路“十四五”发展规划》。文件明确提出，推进公路绿色发展；贯彻落实绿色发展理念，推动公路交通与生态保护协同发展，继续深化绿色公路建设，促进资源能源节约集约利用，加强公路交通运输领域节能减排和污染防治，全面提升公路行业绿色发展水平。

2023 年，交通运输部等五部门联合印发《加快建设交通强国五年行动计划(2023—2027年)》(图 1-8)。该行动计划明确指出，严格执行环境影响评价制度，严格落实环境保护措施，推进生态选址选线，强化生态环保设计，积极推进交通绿色长廊建设，减缓交通基础设施建设、运营对生态环境、声环境、水环境、大气环境等影响，严格控制对生态敏感区的占用。

绿色公路的建设还需要把握三个“循环利用”：一是公路路面材料循环利用，即在全国公路特别是高速公路的改扩建和修复养护工程中，积极应用路面材料循环再生技术，高速公路废旧沥青路面材料循环利用率要达到 95% 以上；二是工业固废和隧道弃渣循环利用，即推动山西等地应用煤渣、粉煤灰等作为公路路基材料，推进隧道弃渣用于公路路基填筑和机制砂、水泥砖生产；三是交通资源循环利用，即推广交通基础设施废旧材料、设施设备、施工材料等综合利用,鼓励废旧轮胎、工业固废、建筑废弃物在交通建设领域的规模化应用,鼓励高速公路服务区、枢纽场站等污水循环利用和雨水收集利用。

图 1-8 《加快建设交通强国五年行动计划(2023—2027 年)》文件部分内容截图

三 绿色公路的技术标准

2020 年,中国工程建设标准化协会发布《绿色公路建设技术标准》(T/CECS G:C10-01—2020)。该标准以完善和提升绿色公路建设技术为目标,提出公路工程的路基路面、桥涵、隧道、交通安全设施、服务设施及公路景观等不同专业,在设计、施工、运营各阶段应对照的相应绿色公路技术要求。该标准有效指导全寿命周期各阶段绿色公路的实践与实施,有力推动交通运输行业高质量发展。《公路工程水土保持技术标准》(T/CECS G:C31—2020)填补了公路工程行业水土保持技术标准的空白。该标准从不同水土流失类型区、表土资源保护与利用、植被恢复、水土保持管理及专项验收等方面提出公路工程建设的水土保持技术要求,并明确主体工程、取土场、弃土场、其他临时工程的水土保持措施。该标准对规范公路工程水土保持工作,预防和治理公路工程建设产生的水土流失,保护路域生态环境具有重要的指导意义。

2020 年,交通运输部发布了我国公路行业第一部针对公路工程节能领域系统性规定的行业规范——《公路工程节能规范》(JTG/T 2340—2020)。该规范指出,公路工程应从全局出发,在安全、质量、环保的基础上,降低全寿命周期能耗。公路工程应根据所在地区的能源政策和资源条件,结合工程用能特点,科学、充分地选用太阳能、风能、地热能等可再生能源。该规范的发布标志着公路行业节能工作又向前迈出了一大步,实现了节能标准零的突破。

2021 年,交通运输部发布《公路交通安全设施施工技术规范》(JTG/T 3671—2021),对环境保护做了明确规定:施工组织设计应建立健全环境保护管理体系,制订环境保护、节能减排和文明施工的实施方案,减少工程施工过程中对环境造成的污染。此外,《公路工程利用建筑垃圾技术规范》(JTG/T 2321—2021)指出,建筑垃圾利用应遵循因地制宜、统筹规划、科学利用、生态环保的原则。

2022 年,交通运输部进一步完善绿色交通标准体系,发布了最新版本的《绿色交通标准体系(2022 年)》,如图 1-9 所示。该体系为节能降碳、污染防治、生态环境保护修复、资源节约集约利用以及在绿色交通的监测、评定与监管等方面划分了明确的标准;旨在推动综合交通运输和公路、水路领域节能降碳、污染防治、生态环境保护修复、资源节约集约利用标准补短板、强弱项、促提升,加快形成绿色低碳运输方式,促进交通与自然和谐发展,为加快建设交通强国提供有力支撑。

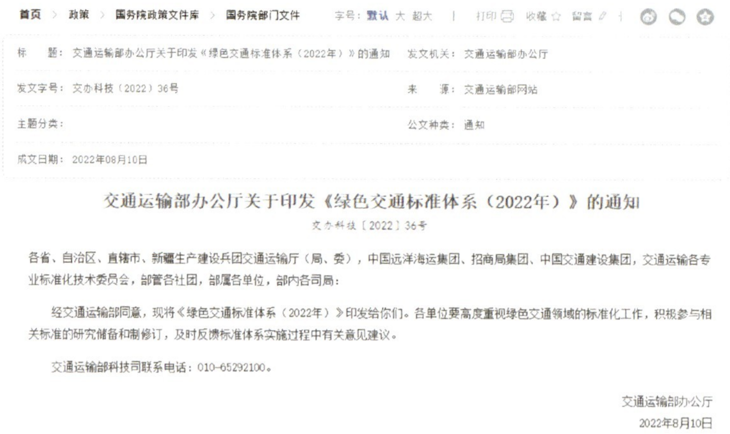
首页 > 政策 > 国务院政策文件库 > 国务院部门文件　字号:默认 大 超大 | 打印 收藏 留言

标　　题:交通运输部办公厅关于印发《绿色交通标准体系(2022年)》的通知	发文机关:交通运输部办公厅
发文字号:交办科技〔2022〕36号	来　　源:交通运输部网站
主题分类:	公文种类:通知
成文日期:2022年08月10日	

交通运输部办公厅关于印发《绿色交通标准体系(2022年)》的通知

交办科技〔2022〕36号

各省、自治区、直辖市、新疆生产建设兵团交通运输厅(局、委),中国远洋海运集团、招商局集团、中国交通建设集团,交通运输各专业标准化技术委员会,部管各社团,部属各单位,部内各司局:

经交通运输部同意,现将《绿色交通标准体系(2022年)》印发给你们。各单位要高度重视绿色交通领域的标准化工作,积极参与相关标准的研究储备和制修订,及时反馈标准体系实施过程中有关意见建议。

交通运输部科技司联系电话:010-65292100。

交通运输部办公厅

2022年8月10日

图 1-9　《绿色交通标准体系(2022 年)》网站公示截图

四　绿色公路的评价标准

自 2013 年起,各省(自治区、直辖市)和有关部门就开始深入研究绿色公路评价体系。云南省质量技术监督局于 2013 年发布的《绿色公路评价标准》(DB53/T 449—2013)是我国第一个地方性绿色公路评价标准。2017 年底,交通运输部办公厅印发《关于印发公路水运品质工程评价标准(试行)的通知》,其中包含三级指标,具体有工程设计、工程管理等一级指标 7 项、二级指标 22 项、三级指标 52 项,且绿色环保为其中一项一级指标。2018 年 5 月,交通运输部发布《绿色交通设施评估技术要求　第 1 部分:绿色公路》(JT/T 1199.1—2018),明确绿色公路评估指标体系由 7 类一级指标构成,包括绿色理念、生态环保、资源节约、节能低碳、品质建设、安全智慧和服务提升,其评价指标见表1-1。

《绿色交通设施评估技术要求 第1部分:绿色公路》评估指标体系　　　表1-1

一级指标	二级指标	三级指标	一级指标	二级指标	三级指标
绿色理念(0.08)	战略	战略规划	品质建设(0.16)	品质提升	长寿命路面
		专项资金			功能型路面
	文化	培训			精品桥、隧
		宣传活动		施工标准化	工艺标准化
生态环保(0.15)	生态保护	生物及其栖息地/生境保护			工地标准化
		生态修复		管理信息化	建筑管理信息化
		植被恢复效果			养护管理信息化
	水土环境保护	水体保护		预防性养护	预防性养护规划
		土体保护			预防性养护技术
	空气环境保护	污染气体排放控制		建筑管理新技术	建筑信息模型技术
		扬尘控制			HSE管理体系
		场站布置	安全智慧(0.07)	智能交通系统	多元化系统
	声光环境保护	声污染防治			系统维护
		光污染防治		安全设施	安全设施布设
资源节约(0.20)	土地资源节约、集约利用	土地占用			安全设施维护
		土石方填挖		交通组织	施工交通组织
		临时用地控制			日常通行管理
	水资源节约、集约利用	排蓄水工程			交通应急管理
		污水处理与利用	服务提升(0.14)	人性化服务	信息服务
		节水措施			旅游服务功能
	节材与材料循环利用	可循环材料利用			ETC技术应用拓展
		旧路面材料再生			公众满意度
		隧道弃渣利用		绿色公路设施	加气站和充电桩
		材料存储			慢行交通
		新型材料			路侧港湾停车带
节能低碳(0.20)	能源节约利用	混合料节能技术		景观优化	景观融合
		施工节能措施			景观展现
		节能系统			景观美化
	清洁能源利用	可再生能源			
		天然气拌和站			

第二章
CHAPTER 02

昔榆绿色高速公路建设

第一节　项目概况

一　工程简介

昔阳(晋冀界)至榆次高速公路(简称"昔榆高速公路")是《山西省省道网规划(2021—2035年)》中高速公路网布局"4纵15横33联"第八横的重要一段。昔榆高速公路起点位于山西省晋中市昔阳县太行山虎寨岭孔氏乡刀把口村东南省界处,经昔阳县、和顺县、寿阳县,终点位于晋中市榆次区庄子乡杨梁村,与榆祁高速公路以立交枢纽兼出入互通形式相接。

昔榆高速公路采用双向四车道高速公路标准建设,设计速度为100km/h,整体式路基宽度为26.0m,全长125.370km。全线共设一般互通式立交4处、枢纽互通式立交2处、服务区3处、养护工区3处、路段管理中心2处、隧道管理站3座、匝道收费站5处、主线超限站1处;闫庄连接线长6.85km,马坊至松塔连接线长21.22km,总占地11318.39亩❶(约754.56万m²),桥隧比为55%,投资类型为政府和社会资本合作(PPP)模式下的建设-经营-转让(BOT)方式。

二　建设环境

(一)地形地貌

昔榆高速公路自东向西穿越太行山区,总体地貌形态以山地为主,受后期地质构造和长期的侵蚀堆积作用影响,海拔落差大。山麓斜坡堆积地貌地势开阔,总体向盆地中心方向倾斜,地表V形侵蚀性冲沟较发育。微地貌以黄土陡缓坡、陡坎、侵蚀性冲沟为主,形成了山脉纵横、峰起峦连、沟谷深切的复杂地貌形态。

(二)地质条件

昔榆高速公路由东向西展布,依次穿越构造侵蚀溶蚀低中山区、黄土覆盖基岩中低山区、构造剥蚀低中山区、黄土丘陵区及中间穿插的山间河谷区,地层由老至新依次出露。项目区内的不良地质现象及特殊岩土主要为岩溶、采空区、滑坡、不稳定斜坡、湿陷性黄土。

(三)水文气象

昔榆高速公路地处海河流域和黄河流域接壤地带,穿越汾河水系、滹沱河水系和漳卫河水

---

❶　1亩≈666.67m²,余同。

系等,并跨越潇河、里思河、涂河、赵壁河、清漳河等十余条河流。同时,项目区域地下水流动特征复杂,具有多个地下水系统。补给来源以大气降水为主,径流特征受含水结构控制,浅表地下水系统大多表现为就近补给、就近排泄,区域性热水系统则表现为深循环、长距离径流排泄,排泄方式主要以泉的形式集中出露于地势低洼处或分散排泄于河流溪沟中。山西位于温带大陆性季风气候区,受西伯利亚冷空气和蒙古国内陆干燥气候影响,一年四季分明:春季干旱多风;夏季温和,雨量集中,多雷阵雨;秋季天高气爽,多阴雨天,昼夜温差大,无霜期短;冬季少雪干冷,多晴朗天。冻结期始于11月上旬,解冻期为次年4月上旬,最大冻土深度为1.0m。

(四)通信水电

昔榆高速公路穿越太行山腹地,途经晋中市昔阳县、和顺县、寿阳县及榆次区等11个乡镇68个行政村,位置偏僻。由于通信运营商基站少,沿线50%区域无网络信号,无法满足项目信息化建设要求。沿线大部分处于太行山无人区,区域水资源匮乏,无法满足施工用水需求,同时邻近电源接火点少,用电负荷大,难以满足施工建设需要。

三 项目难点

(一)地质条件复杂,受控因素较多,项目管理难度大

昔榆高速公路穿越岩溶、采空区、湿陷性黄土等多种不良地质现象及特殊岩土,隧道与桥梁的施工安全风险极高。全线有3座特长、高风险隧道,分别为太行山隧道(全长14.011km,其中河北段长3.802km)、高峪咀隧道(全长6.402km)、杏树岩隧道(3.303km),如图2-1所示。

a)太行山隧道(全长14.011km)

b)高峪咀隧道(全长6.402km)

c)杏树岩隧道(全长3.303km)

图2-1 昔榆高速公路三大隧道

全线有 6 座特大桥,分别为杨赵河特大桥、赵壁川河特大桥、东寨特大桥、松溪河特大桥、涂河特大桥、扬子江特大桥,如图 2-2 所示。在隧道和桥梁的建设中,隧道洞口连接高架桥的情形较为常见。由于桥接隧位置空间有限,施工现场只有较小的活动范围,增加了梁板架设施工的难度,也增加了施工建设人员的安全保障难度和项目管理难度。

a) 杨赵河特大桥

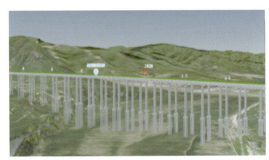
b) 赵壁川河特大桥

c) 东寨特大桥

d) 松溪河特大桥

e) 涂河特大桥

f) 扬子江特大桥

图 2-2　昔榆高速公路 6 座大桥

(二) 地理位置突出,资源约束力大,节约集约要求高

昔榆高速公路整条线路穿越晋中市昔阳县和榆次区两个县区,途经 11 个乡镇 68 个行政村。其地理位置十分重要,是连接晋中市昔阳县和榆次区的重要交通枢纽,对于促进当地经济发展具有重要意义。如果能够加强监管,提高道路通行效率和服务水平,将会吸引更多的车辆通行,增加交通收入,提高经济效益。

昔榆高速公路穿越太行山脉,由于山区自然环境、地质情况复杂,地势起伏需要进行大量的开挖、填方和加固工程,建筑材料需求大。但是山区道路地形复杂,材料、设备运输困难,资源约束力大;相应地,在资源有限的情况下,如何高效、密集和节约地使用现有资源显得尤为重要。为解决昔榆高速公路资源约束力大和集约节约要求高的问题,山西昔榆高速公路有限公司(简称"昔榆公司")运用科学合理的规划以及技术创新等手段,实现资源的高效利用和产出的最大化,确保项目顺利实施。

(三) 路域生态脆弱,沿线区域敏感,环境保护任务重

昔榆高速公路沿线分布有铁桥山省级自然保护区(自然保护区内有国家一级保护动物华北豹)、松塔水源地、八缚岭自然保护区等环境敏感点。在建设施工期间,为避开敏感区和敏感点,昔榆公司坚持"多借景、少造景",实现绿色公路与环境敏感区域、生态脆弱区域的有效协调,确保生态红线"近而不进",保证生态环境系统实现良性循环。

昔榆高速公路需要经过昔阳县境内煤矿密集分布区域,沟壑纵横,高边坡、石质边坡多,绿化管理难。针对复杂的地质情况,昔榆公司对沿线地质环境及绿化植物进行保护和管理,使其达到改善、美化环境的效果,并对沿线原生树进行移栽,用于景观绿化工程。

(四) 自然资源丰富,文化遗产众多,旅游服务标准高

在工程建设中,昔榆公司贯彻因地制宜理念,结合沿线自然风光及旅游资源,合理确定设计主题,使得沿线自然景观协调统一,将高速公路本身打造成为一道风景线。昔榆高速公路途经山西省晋中市昔阳县、和顺县、寿阳县及榆次区,穿过榆次老城、寿阳祁寯藻故里(中华第一书香门第)、方山国家森林公园、龙栖湖度假村等人文与自然景观,如图 2-3 所示。基于此,昔榆公司通过"交通/服务区 + 旅游"结合方式,打造集休闲度假体验、采摘旅游、商品购物等于一体的极富生活特色的交旅融合示范公路。

(五) 山区地形起伏,弃方废料多,二次利用范围广

昔榆高速公路穿越太行山脉,地形起伏大,其最高点海拔为 1665.34m,最低点位于终点处,海拔为 864.84m,最大高差为 800.5m,地势起伏落差较大。同时,全线填方高度大于 20m 的路段共 62 处,总长度为 6.682km,最深填高 53.8m;挖方路堑边坡大于 20m 的路段共 74 段,总长度为 15.49km,最深 62.58m。由此可见,昔榆高速公路全线高填深挖段落多,段落分散,工程量大,土石方调配难度大,质量管控难度大。

与此同时,公路施工过程中会产生大量的弃渣、混凝土块和其他建筑材料,即"弃方"。这些弃方废料可以作为次级建材用于其他建筑项目,如填方、道路基础材料等。昔榆高速公路建设资源有限,通过对弃方废料进行高效、可行的分类、加工和再利用,可在一定程度上缓解资源紧缺的问题。昔榆公司落实绿色建设理念,充分分析昔榆高速公路资源约束力大的现状,合理有效地进行弃方材料的二次利用,以达到保护环境和提高经济效益的目的。

a) 榆次老城

b) 和顺古镇

c) 中华第一书香门第——寿阳祁寯藻故里

d) 常家庄园

e) 后沟古村落

f) 方山国家森林公园

g) 龙栖湖度假村

图 2-3 昔榆高速公路途经的人文与自然景观

第二节 总体建设

一、建设原则

（一）坚持因地制宜

昔榆公司坚持"保护优先、预防为主、综合治理、全员参与、损害担责"的原则，树立"不破坏就是最大的保护"的环保理念，力求最大程度地保护昔榆高速公路沿线原始地形地貌，把施工建设对生态、水环境、声环境的不利影响降至最低，最大程度保护、恢复沿线生态环境，使公路融入自然之中，如图 2-4 所示。

图 2-4　坚持因地制宜建设的昔榆高速公路

昔榆公司抓好互通立交绿化景观提升，将隧道洞门、洞门硬质景观、分离段路基绿化、洞顶及二次衬砌等作为景观提升点。结合行车视点进行绿化造景，宜林则林、宜花则花、宜草则草，做到乔灌花草结合。通过植绿、补绿，加大绿化体量，提升昔榆高速公路的绿化档次。同时，利用乡土树种、人文景观等，力求与周边环境协调一致，提高地域辨识性。

（二）坚持可持续发展

坚持以租赁为主、新建为辅的原则进行选址、建设，减少耕地和基本农田占用。施工便道应尽量利用原有道路，按照永临道路相结合的原则布置，施工现场内应形成环形通道，减少道路占用土地。此外，昔榆公司还抓好临建设施、取弃土场景观提升，重点完善施工临建设施、取弃土场的复耕覆绿，并实施必要防护措施，防止水土流失，降低对环境的不利影响。

施工现场应根据施工规模及现场条件等因素合理确定临时设施。施工现场应集中建设混凝土拌和场、钢筋加工场、预制梁场、农民工用房等。此外，昔榆公司重点解决路面标线、反光标识、标志牌等后期可视性差的问题,同时协调波形梁护栏、隔离栅、桥梁防落网、声屏障等设施的整体外观,确保线形顺畅。

(三) 坚持统筹协调

昔榆公司通过自身改革创新、提升可持续发展的行动力,着眼于公路全寿命周期,统筹协调昔榆高速公路在设计、施工、运营、养护各阶段和各工程组成的特点,提出全方位、整体性、全过程的优化建设方案。

昔榆公司统筹规划好施工临时用电与隧道口及路段运营永久用电的结合,实现永久用电服务于施工临时用电。另外,施工现场机具、设备、车辆冲洗、路面喷洒、绿化浇灌、搅拌、养护等用水,优先采用基坑降水等非传统水源,尽量不使用市政自来水。昔榆公司在统筹公路规划、设计、建设、运营、管理、服务全过程的基础上,进一步实现了用电、用水永临结合,降低项目建设成本。

(四) 坚持创新驱动

昔榆公司在保证生态环境、工程质量、安全等基本要求的前提下,积极推广应用新材料、新工艺、新技术、新设备,强化科技创新的驱动与支撑作用,共形成152项"四新"技术和153项微创新成果,并在工程建设中实现应用,如图2-5、图2-6所示。此外,大力推动理念创新、技术创新、管理创新和制度创新,促进昔榆高速公路全线的生态环境保护建设,增强全员生态环保意识,健全环保管理责任体系,夯实绿色发展制度保障。通过创新生态环境保护长效机制,运用多手段治理,实现多部门协作,做到源头有防控、过程有检查、问题有考核,强措施,补短板,落实新发展理念和高质量发展要求,实现节水、节地、节材、节能的环保目标。

边坡平板液压夯

盖梁骨架焊接机器人

二次衬砌混凝土自动浇筑衬砌台车

隧道聚能光面爆破

152项"四新"技术

梁板自动喷淋养护

水泥罐顶加装除尘装置

钢筋笼滚焊机

扬尘在线监测系统

图2-5 昔榆公司152项"四新"技术

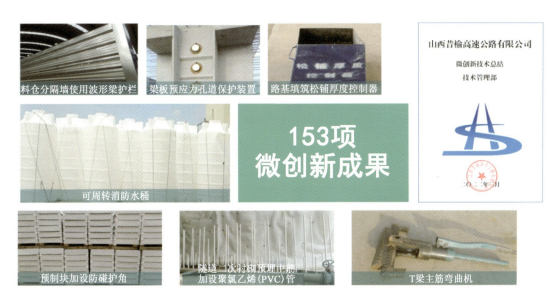

图 2-6　昔榆公司 153 项微创新成果

二 建设思路

(一) 发展理念人本化

昔榆公司体现以人为本的管理理念,满足人的发展、调动人的积极性、突出人的创造性。施工单位应合理安排施工作业时间,减少夜间作业,设置挡光、遮光措施,尽量避免灯光外泄,降低对周围居民的影响。抓好桥梁景观提升,将护栏线形、路桥衔接段、桥隧衔接段、跨线桥等作为景观提升点,通过优化桥梁造型、精化细部装饰等,促进人、桥、隧、环境和谐统一,也能够让驾乘人员充分享受沿线的人文山水与深厚文化底蕴。

同时,在昔榆高速公路的建设中,积极利用弃渣填筑路基、桥涵台背、挡土墙墙背。另外,对于材料性能满足规范要求的弃渣,可以加工成粗集料、砌块材料等,实现弃渣的再次利用。此外,在确保混凝土强度的前提下,可掺加适量粉煤灰,减少水泥用量,降低混凝土内部水化热,提高混凝土的抗裂性能。

(二) 项目管理专业化

昔榆公司推行科学、先进的工程项目管理技术和方法,提升建设项目的核心竞争力,提高项目管理水平。通过标准的引导,重视管理水平和人员素质的提高,将传统项目管理理论融入绿色管理理念,不断提升项目管理的核心竞争力。昔榆高速公路的建设始终坚持绿色发展理念,注重环境保护、资源节约。为此,项目管理人员通过计划、控制、组织协调等手段,实现人工、材料、设备等资源的合理利用,并且协同协调所有参与部门全身心投入项目管理之中。

(三) 工程施工标准化

昔榆公司围绕项目策划定位,遵从"做精现场"理念和"建立标准、严格执行、重在创新"思路,以"项目标准化"为抓手,推动"工序标准化、现场作业标准化、技术工艺标准化、过程管控标准化",形成驻地、安全、质量、文明施工与环保等方面标准,进一步完善标准化体系。标准化建设的"三集中"场建设如图 2-7 所示。

图 2-7　"三集中"场建设标准化

(四) 管理手段信息化

昔榆公司积极推进智慧工地建设,借鉴、引用成熟的、符合条件的信息化管理系统,并集成各类应用,达到实现智能服务、打破"信息孤岛"、穿透管理层级、提高管理效能、降低管理成本的目标。引入高级安全监控系统,实时监测施工现场安全状况。通过预警系统,及时发现潜在的安全隐患,并采取措施避免事故发生。通过智能化的物资管理系统,实现对施工材料和设备的追踪和管理,提升管理质量。引入环境监测设备,监测工地周围的环境质量,实施环保措施,并通过智能能源管理系统,优化能源使用,降低能源消耗。昔榆高速公路智慧建设管理中心如图 2-8 所示。

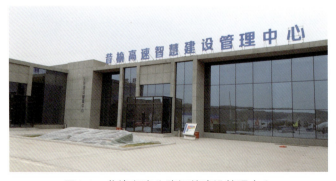

图 2-8　昔榆高速公路智慧建设管理中心

(五)日常管理精细化

在日常管理中,昔榆公司做到"八化",即细化、量化、流程化、协同化、模板化、标准化、实证化、严格化,实现工序精细、工艺精细、管控精细,时刻以"精、准、细、严"为要求,工作精益求精,重细节、重过程、重基础、重落实、重质量、重效果。昔榆公司注重组织管理,在各参建单位之间营造和谐的组织管理氛围,从而有利于集成项目各参建单位协同协作,为昔榆高速公路绿色建设目标的实现而不懈奋斗。

三 建设体系

(一)绿色建设理念引领

昔榆公司充分吸收国家政策、山西省交通运输厅、山西路桥集团的绿色公路建设理念,以因地制宜、可持续发展、统筹协调、政府引导、创新驱动为引领,开展昔榆高速公路的绿色建设。昔榆高速公路绿色建设理念体系如图2-9所示。

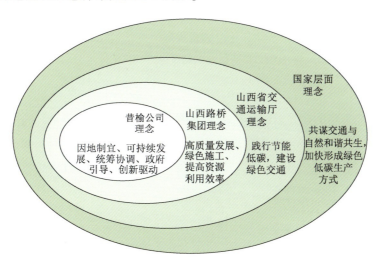

图2-9 昔榆高速公路绿色建设理念体系

(二)绿色建设目标导向

昔榆公司全面落实山西省委省政府、省交通运输厅、山西交通控股集团(简称"山西交控集团")、山西路桥集团关于生态文明建设的部署要求,强化责任落实。扎实推进生态文明建设,实现绿色发展理念全面落实、环保意识和环保水平全面提升。以"一条大道、两路风景、三季有花、四季常绿"为目标,其绿色建设目标体系如图2-10所示。以优化路网功能、控制资源占用、减少能源消耗、降低污染物排放、保护生态环境、推进绿色发展为核心,以理念创新、技术创新、管理创新和制度创新为驱动,力争将昔榆高速公路建设成以生态环保、资源节约、节能高效、服务提升为主要特征的绿色品质公路,并打造成具有深厚文化底蕴的全国绿色公路示范工程。

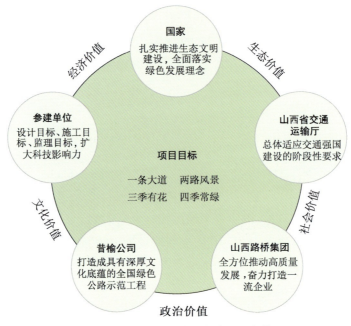

图 2-10　昔榆高速公路绿色建设目标体系

(三)绿色建设实践支撑

国家层面,绿色公路的建设着眼于"环境保护、绿色发展、创新驱动",在治理实践上秉承指导—转型—协同的理念。同时,昔榆高速公路是建设、运营一体化项目,因此,在项目建设之初便充分考虑运营期的绿色建设需求,其绿色建设实践体系如图 2-11 所示。

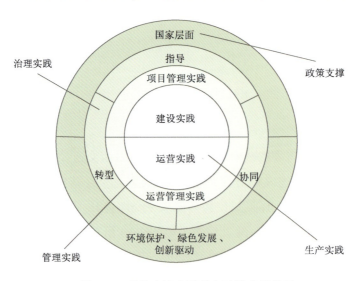

图 2-11　昔榆高速公路绿色建设实践体系

(四)绿色公路工程载体

昔榆高速公路以路基、桥梁、隧道、路面、机电、交安、绿化工程为载体,全过程、全方位开展绿色公路建设,其绿色建设工程体系如图 2-12 所示。昔榆公司秉承"不破坏就是最大的保护"和"谁污染谁治理、谁破坏谁修复"的原则,从临时建筑、材料到施工过程采取一系列保护性措施。

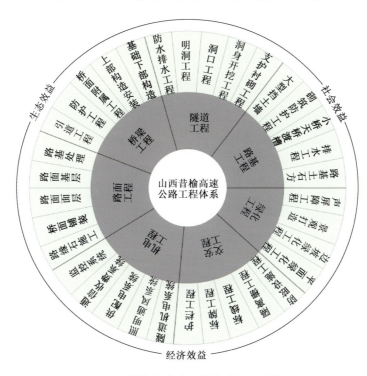

图 2-12 昔榆高速公路绿色建设工程体系

第三节 统筹规划

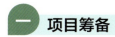 项目筹备

(一)总体设计

在设计阶段,昔榆公司严格按照"安全、经济、环保、舒适、和谐"的理念开展工作,坚持地形选线、地质选线、生态选线、安全选线和旅游景观选线相结合的原则。线形设计采取灵活的设计方法,做到平面顺适、纵坡均衡,使平纵线形组合协调,在满足道路交通功能需要的同时,改善行车条件,保障行车更为安全、快捷、舒适。同时,正确处理公路建设与当地旅游产业布局、发展规划、群众利益、生态环境和旅游资源的关系,提高公路建设的安全性,降低工程风险

和工程造价,提高项目的综合效益。

昔榆公司根据当地水土流失现状,坚持预防为主、防治结合、因地制宜、因害设防、突出重点、合理配置、注重效益的原则。以全寿命周期的资源能源集约利用、生态良好保护为目标,引进先进技术,运用清洁能源,使用环保设备,将"不破坏就是最大的保护"理念贯穿工程设计、施工、运营全过程。采取植物与工程措施相结合的方法,并充分考虑主体工程中具有水土保持功能的护坡、环保绿化等工程措施。科学规划,精心设计,科学论证,将安全舒适、经济合理、技术可行、质量优良、生态环保、交旅融合等理念融入昔榆高速公路的建设。

(二)项目建设基本程序

项目可行性研究:山西省发展和改革委员会于2020年3月18日印发《山西省发展和改革委员会关于昔阳(晋冀界)至榆次高速公路项目可行性研究报告的批复》(晋发改审批发〔2020〕85号)。

土地预审:自然资源部于2019年11月18日出具了《自然资源部办公厅关于昔阳(晋冀界)至榆次高速公路建设用地预审意见的复函》(自然资办函〔2019〕2003号)。

建设项目选址意见书:晋中市规划和自然资源局于2019年6月21日出具了昔阳(晋冀界)至榆次高速公路项目《建设项目选址意见书》(选字140700201900012)。

物有所值评价及财政承受能力论证:晋中市财政局于2020年3月31日发布《关于昔阳(晋冀界)至榆次高速公路建设PPP项目物有所值评价报告和财政承受能力论证报告的审查意见》(市财资环〔2020〕55号)。

实施方案:晋中市人民政府于2020年4月7日印发《关于昔阳(晋冀界)至榆次高速公路建设PPP项目有关事宜的批复》(市政函〔2020〕11号)。

初步设计:山西省交通运输厅于2020年6月4日以晋交审批发〔2020〕192号文核准昔阳(晋冀界)至榆次高速公路初步设计。

投资人招标:晋中市交通运输局出具了昔阳(晋冀界)至榆次高速公路项目《中标通知书》,编号SZ20190203。山西路桥集团已与中铁投资集团有限公司签订投资协议。

环境影响评价:晋中市生态环境局于2019年10月17日出具《晋中市生态环境局关于昔阳(晋冀界)至榆次高速公路工程环境影响报告书的批复》(市环函〔2019〕534号)。

水土保持影响评价:山西省水利厅于2019年9月19日出具了《昔阳(晋冀界)至榆次高速公路项目水土保持方案审批准予行政许可决定书》(晋水审批决〔2019〕67号)。

防洪影响评价:晋中市行政审批服务管理局于2020年6月16日出具了《昔阳(晋冀界)至榆次高速公路涉松溪河、清漳河、潇河等工程防洪评价报告审批准予行政许可决定书》(晋中审批(水审)准字〔2020〕8号)。

地质灾害影响评价:山西省地质工程勘察院有限公司于2020年11月出具了《昔阳(晋冀

界)至榆次高速公路建设工程地质灾害危险性评估报告》。

地震影响评价:中国灾害防御协会于2020年1月7日出具了《关于昔阳(晋冀界)至榆次高速公路地震安全性评价报告技术咨询专家组意见》(中灾协安技询〔2020〕05号)。

(三)水土保持方案批复

山西省水利厅于2019年9月19日对本项目的水土保持方案进行了批复,批复报告书如图2-13所示。水土保持方案明确指出,昔榆高速公路的建设要做好水土保持初步设计和施工图设计,加强施工组织等管理工作,切实落实水土保持"三同时"制度。严格按照方案要求落实各项水土保持措施。各类施工活动要严格限定在用地范围内,严禁随意占压、扰动和破坏地表植被。做好表土剥离和弃渣综合利用,建设过程中产生的弃渣要及时运至方案确定的专门存放地。合理安排施工时序和水土保持措施实施进度,严格控制施工期间可能造成的水土流失。

图2-13 水土保持方案报告书及批复

昔榆公司积极落实水土保持投资,满足水土保持防治工作需要。做好水土保持工程实施组织工作,加强对施工单位的监督与管理,保证工程质量,提高防治效果。切实做好水土保持监测工作,加强水土流失动态监控,并按规定向水行政主管部门提交监测季度报告及总结报告。此外,昔榆公司还落实并做好水土保持监理工作,确保水土保持工程建设质量和进度。从具有生产经营许可的料场采购土、石、砂等建筑材料,明确水土流失防治责任,并到项目所在县级行政主管部门备案。工程开工前,及时告知县级水行政主管部门,并主动配合行政主管部门对项目的水土保持情况进行监督检查。

(四)环境影响评价批复

晋中市生态环境局于2019年10月17日批复了本项目的环境影响报告书,如图2-14所示。环境影响报告书明确指出,昔榆高速公路建设必须执行配套建设的环保设施与主体工程同时设计、同时施工、同时投产使用的"三同时"制度,加强生态保护工作,落实生态保护措施。

在工程施工和运营过程中,做好信息公开,定期发布环境信息,建立畅通的公众参与平台。在工程完工后,必须按规定程序实施竣工环境保护验收。

晋中市生态环境局昔阳分局、和顺分局、寿阳分局、榆次分局、晋中市生态环境保护综合行政执法队按各自职责,负责昔榆高速公路建设和运营中的环境保护监督检查工作。加强与沿线公众的沟通,主动接受社会监督,并及时解决公众担忧的环境问题,满足公众合理的环境诉求。昔榆公司切实履行生态环境保护管理职责,根据生态环境保护工作要点相关要求,扎实做好昔榆高速公路沿线生态环境保护工作,实现生态环境保护专项整治行动目标。

图 2-14　环境影响报告书及批复

二 实施保障

(一) 组织保障

针对项目建设中面临的各类内外部因素影响,昔榆公司充分结合项目投资、建设、运营一体化经营的实际情况,以"安全为先、质量为本、进度为重、投资为主、科技创新、降本增效"为管理理念,坚持因地制宜、可持续发展、统筹协调、政府引导、创新驱动的建设原则,组成上级支持、专家指导、全员参与、分工明确的组织保障体系,组织结构如图 2-15 所示。

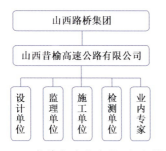

图 2-15　昔榆高速公路项目组织结构

(二) 培训保障

昔榆公司加大宣传和培训力度,针对绿色建设组织开展相关培训,大力营造绿色建设氛围,增强绿色建设意识。

加强监控量测,确保施工和监理单位的安全、技术、质量负责人每天去现场监督检查,同时加强作业人员教育培训与绿色公路专题培训,如图2-16所示。做到以绿色设计、绿色施工、绿色运维为主线,全方位、多维度、全寿命周期打造绿色昔榆公路。

图2-16 绿色公路专题培训

(三) 技术保障

通过编制"绿色公路实施方案",对各阶段任务目标进行分解。研究阶段,主要开展项目需求分析,编制绿色示范工程实施方案;实体工程实施阶段,针对拟定的推广技术,开展实体工程的设计、施工,对前期已完成的实体工程的效果进行中间评价,并采取环保补救措施;观测验证阶段,对所有示范技术的实际效果进行观测和验证,并总结提炼;项目验收阶段,编制技术总结报告,提交项目验收材料,并召开经验交流会,力保项目验收达到绿色标准。通过会议讨论形成《晋阳(晋冀界)至榆次高速公路绿色公路实施方案》,如图2-17所示。

图2-17 会议讨论现场及"绿色公路实施方案"文件

三 规划愿景

(一) 绿色理念

昔榆公司紧紧围绕绿色公路的内涵，协调两个统筹关系、瞄准四个绿色要素、实现四个重点目标，旨在打造一条以"生态引领、低碳集约、景观融入、服务共享、智慧创新"为工作理念的绿色高速公路。以绿色发展、科技发展理念为引领，以全寿命周期的资源能源集约利用、生态良好保护为目标，引进先进技术，运用清洁能源，实现节能、节材、节水目标，为驾乘人员呈现一幅"车在景中行、人在画中游"的美丽画卷。

1. 生态引领

昔榆公司推行生态环保设计，加强生态选线，依法避绕自然保护区、水源地保护区等生态敏感区。推行生态环保设计和生态防护技术，重点加强施工过程中的植被与表土资源保护和利用，做到边施工边绿化。边坡施工做到开挖一级、防护一级、绿化一级，同样，路基填方与弃土场做到成型一处、绿化一处，做好重点地段、重点区域的绿色提升。

2. 低碳集约

昔榆高速公路隧道进出口照明路灯采用超级电容路灯，具备快速充电、超宽工作温度、深度充放电、低电压和低内阻等特性，突破光伏照明的传统储能技术瓶颈，与市电综合利用，达到运营期节能减排效果。在两隧道口相距较近时，设置钢架结构，可有效防止落石与雨雪，同时在棚顶设置光伏设施用于隧道照明，突出低碳节能理念。

3. 景观融入

昔榆公司积极展现地域文化精髓，加强生态保护。对桥梁墩台等进行绿化生态修复，实现昔榆高速公路与太行山生态环境相适应。此外，建设与"大寨精神""晋商文化"相关景观，展现"自力更生、艰苦奋斗""诚信赢天下"精神，使功能、景观、文化完美结合，建造一条"沿路处处是风景"的绿色文化景观大道，实现高速公路、自然生态、人文历史的和谐统一。

4. 服务共享

昔榆公司以服务、共享、节能为标准。在综合性服务区的建造中，通过道路尺度、绿化、广场、庭院与服务设施的相互融合，为旅客提供一个舒适、优美、宜人的活动空间，进行购物、观赏、娱乐等活动。同时，积极应用光伏发电、污水处理、中水回用、雨水收集、地源热泵等节能减排技术，确保昔榆高速公路的运营绿色化。

(二) 绿色愿景

昔榆公司紧紧把握绿色公路"三高、三低、三全"的特征，以质量优良、安全耐久为前提，坚持"保护优先、预防为主、综合治理、全员参与、损害担责"的原则,树立"不破坏就是最大的保护"的环保理念,环保意识、环保管理水平全面提升。扬尘治理"六个百分百"全面落实到位。全面落实环保"三同时"原则,环境问题整改率100%。杜绝发生一般及以上突发环境事件,环保验收达到国家和山西省的要求。

昔榆公司深入贯彻高速公路规划、设计、建设、运营全过程管理,从绿色选线、绿色设计、绿色施工、绿色养护、绿色运营和安全智慧六个方面实现突破,形成可复制、可推广的山区高速公路绿色施工技术,实现"一条大道、两路风景、三季有花、四季常绿"的绿色目标。实行绿色低碳,擦亮高质量发展底色,深入实施"两山七河一流域"生态修复治理,推动黄河流域生态保护和高质量发展。建设中的昔榆高速公路如图2-18所示。

图2-18　建设中的昔榆高速公路

(三) 绿色措施

昔榆公司深刻领悟《关于实施绿色公路建设的指导意见》中绿色公路建设的基本原则与工作任务,构建完善生态环境保护责任体系,制定完善各项环保管理制度。通过各项制度办法,明确各方职责、工作流程,以制度办法来保障落实各项管理工作。环保管理实行分级监管负责制,层层签订环保目标责任书及环保责任清单,压实各方责任,层层传导压力,对主体责任落实不到位的单位和个人,严肃追究责任。

项目建设前期,昔榆公司聘请环保、水保监理监测及早介入,促进环水保管理,排查全线的环境保护、水土保持风险并及时整改,消除隐患。同时,定期开展环保巡查,实施考核奖罚,组织第三方单位开展环保、水保监理、监测工作,全程提供技术咨询服务。昔榆公司、监理单位及施工单位分别成立各级环保巡查小组。通过开展各级巡查,及时整改问题,将各类环保问题消除在萌芽状态。

昔榆公司落实大气扬尘整治要求,严格落实山西路桥集团《公路工程施工扬尘污染防治指南(试行)》各项要求,成立扬尘污染防治组织机构,明确各级管理人员扬尘防治责任。编制扬尘防治专项方案,落实教育培训及交底工作。对"三集中"场站进行标准化设计,使环保管理有计划、有针对、能落地,同时在"三集中"场站、项目部驻地、隧道进出口等密集场所设置扬尘在线监测系统,实时监测扬尘数据。做好敏感区域围挡作业、运输车辆清洗苫盖、场地道路及时洒水、物料裸土全部遮盖等工作。落实河道水体保护措施,生产、生活废水沉淀后,用于物料搅拌或洒水抑尘,不随意外排,严禁在河流水体清洗机械设备,确保施工过程不污染河体、不挤占河道、不侵扰水源。落实固体废物集中处置,施工中产生的建筑垃圾综合利用,无法利用部分与弃方集中处置,生活垃圾做到分类收集定点处理。

第二篇
PART/02

建 设 篇

第三章
CHAPTER 03

绿色规划

第一节　绿色规划概述

一　绿色规划定义

绿色规划是绿色公路建设前期工作的先导，是绿色公路建设、管理和决策的基础，是确保绿色公路建设有序协调发展，避免盲目、重复建设的重要手段。绿色规划，即是在前期对公路建设的勘察和选线阶段的基础上，规划出符合绿色发展与综合效益最优的公路路线方案。

绿色勘察是以绿色发展理念为引领，以科学管理和先进技术为手段，在充分利用好现有的人力资源、设备器具和工艺技术的基础上，引进先进设备、技术和创新工艺方法，对地形、地质及水文等状况进行测绘、勘探测试，以满足公路工程建设的规划、设计、施工、运营及综合治理等需要，并提供相应成果和资料的活动。绿色勘察是一种全新的勘察模式，以生态环保为理念，以技术创新为根本，以和谐双赢为目的。绿色选线是指在既定的起点、终点等重要控制点的指定地域范围内，在满足技术标准前提下优先考虑生态环保、资源利用等绿色因素，并统筹考虑经济、安全、环境、社会等要素，在备选方案中选择一条最优的路线。规划阶段直接影响了高速公路建设过程中对资源及能源的消耗，将绿色低碳理念充分融入规划设计全过程，为高速公路绿色低碳发展提供基础保证。

二　绿色规划特点

（一）环境保护

昔榆公司对公路沿线的生态环境和社会环境进行了全面了解，重视环境保护。在选线时尽量避让珍稀动植物栖息区、居民饮用水源地和生长区，同时尽量减少其相互间的干扰，减少对沿线植被的占用。此外，对于将穿过风景名胜、自然保护区的道路，在绿化设计时做到与周围环境相协调。

（二）节约用地

昔榆公司精心选线，严格控制公路用地，节约公路用地。以满足功能为前提，选线应同农田基本建设相配合，做到少占田地与耕地，填方所采用的土源宜选用荒地以及路基工程挖方。

在规划设计中,充分考虑路基高度对公路用地的影响,平、纵面线形尽可能适应地形,合理控制路基填挖高度。同时,还尽量避免高填深挖路段。

(三)衔接设计

昔榆公司重视与其他公路的衔接设计。由于公路的过境交通和城市内部交通互相干扰,导致路段通行能力低下。因此,通过合理设计,使干线公路与城市道路有效衔接,有效协调路线线位与沿线城市或村镇发展的关系,在为其发展留存空间的同时,构建城市对外交通路网。

三 绿色规划原则

(一)破坏最低原则

昔榆高速公路穿越区域自然与生态环境条件相对较好。在开展公路规划时,系统考虑公路沿线比较有价值的自然和人文资源,树立"不破坏就是最大的保护"的环保理念,降低公路建设对周围资源的损坏。公路规划需要考量公路施工及运营期对水文、土壤、动植物的复合影响,提前把施工建设对生态、水环境、声环境的不利影响降至最低,力求最大程度地保护昔榆高速公路沿线原始地形地貌,最大程度保护、恢复沿线生态环境,使公路融入自然之中。

(二)侵扰最少原则

绿色公路选线需考虑公路穿过的土地类型,不占或少占耕作用地、居住用地及河流水系等。昔榆公司在规划阶段就考虑施工可能会产生的声污染、光污染以及空气污染等,提前规划预防措施,降低对沿线居民生产与生活的侵扰。同时,考虑所在区域的植物群落,结合地形地势因素,推行生态环保设计和生态防护技术。对路域植物群落的结构组成和岩体规律进行系统划分,重点加强施工过程中植被与表土资源的保护和利用,减少自然景观与道路本身之间的侵扰。

(三)安全至上原则

充分重视平、纵、横协调设计,提高公路运行的安全性和舒适性。在选线时,昔榆公司合理选择路线走廊带,并基于绿色勘察的资料,有针对性地对昔榆高速公路沿线的湿陷性黄土、采空区等特殊地质区域进行避绕。此外,昔榆高速公路全线山高谷深、沟壑纵横,地形状况复杂多变,平、纵、横三个部分协调困难,规划综合考虑填挖量、道路安全性等,并在路侧设置相应的可变信息标志、限速标志、标线,用以辅助车辆通行。

第二节　绿色规划内容

一　绿色勘察重点和技术

（一）绿色勘察重点

在昔榆高速公路勘测设计中，贯彻安全、绿色思想，树立"不破坏就是最大的保护"的理念，遵循"最大程度保护、最小限度破坏、最大力度恢复"的原则。在地质勘探过程中，遵循绿色地质勘探，重视生态恢复和环境保护。在昔榆高速公路的绿色勘察中，有以下几项重点内容。

深化绿色低碳思想。树立"因地制宜、低碳发展、清洁生产、文化传承"的绿色发展理念，倡导"被动式技术优先、主动式技术优化"设计原则，优化功能空间布局，充分发掘场地空间、工程本体与设备在节约资源方面的潜力。倡导有效利用地域自然条件，尊重产业特征和地域风貌，推动工程建设领域绿色低碳转型发展。

发挥绿色勘察基础作用。昔榆公司倡导绿色勘察理念，加强勘察工作中的环境保护。绿色勘察，即使勘察工作与外界环境间的相互干扰程度降低，既要保证勘察施工的顺利进行，又要对场地环境进行保护。勘察过程中，昔榆公司积极采取有效措施，防止环境污染。妥善处理勘察过程中的泥浆池、岩芯及试验过程中废弃的土样等，禁止直接倒入河、塘、农田等。地质勘察期间，布设钻孔应在考虑服务工程设计本身的同时，兼顾沿线居民的利益，将对沿线居民的影响降到最低，钻孔布设尽量不占用农田、林地、草地、苗圃等。同时，勘察过程中要加强对珍贵树种的保护。

保障勘察设计质量。昔榆公司完善勘察设计质量责任体系，推动勘察设计单位加强质量体系建设，完善质量内控机制，确保质量岗位责任制度的科学性和有效性。进一步落实勘察设计单位的法定代表人、项目负责人、专业负责人、注册执业人员责任，完善质量终身责任追究制度。健全处罚机制，依法依规对勘察设计违法违规行为严肃处罚。

创新勘察设计质量监管方式。昔榆公司推进勘察质量监管信息化，落实影像留存、实时上传数据等工作要求，加强勘察质量过程和结果监管。全面推进设计质量监管信息化建设，强化设计质量监管信息化平台互联互通。加强勘察设计质量事中事后监管，不断完善"双随机、一公开"的监管相关配套制度和工作机制，将随机抽查的比例频次、被抽查概率与抽查对象的信用等级、风险程度挂钩。

(二) 虚拟三维勘测技术

虚拟三维勘测技术是将模拟环境、假定感知、多源传感器等相关技术应用于公路前期规划勘察中,在此基础上建立实体动态三维数据模型,结合网络传输与数据操控手段,实现数据模型间的虚拟交互。

该技术拟选用 Unity 3D 为三维场景创建引擎,对公路地形勘测数据进行仿真建模与虚拟场景整合。Unity 3D 采用面向对象实体的场景建设方案,基于 Direct 3D、Open GL 进行模型渲染,快速建立对象区域的虚拟仿真场景,并可通过相关 Java Script 域 C#脚本来操作实体模型的反演轨迹,从多视角展现三维场景状态情况,便于对空间实体的宏观漫游与微观剖面分析,从定性与定量的视角来感知对象信息。利用计算机键盘与鼠标等输入设备,即可实现勘测区域的场景漫游、断层与构造分析,并可对矿产资源的基本属性进行检索查询。公路勘测虚拟三维交互系统可分为应用层、中间层与数据基础层,其应用层主要指用户采用 Web 浏览器控件进行数据模型操作,中间层借助 Java Script 编程技术来实现系统分层间的数据与模型交互,数据基础层则包含地形数据图形、三维地质模型、遥感图像数据以及相关的属性文件。虚拟三维勘测技术交互系统设计流程如图 3-1 所示。

昔榆公司采用虚拟三维勘测技术,以数字形式表示实际地形特征的空间分布,并将道路设计要素集成到这一模型中,形成一个包含道路设计要素的三维虚拟现实应用方案,如图 3-2 所示。虚拟现实三维模型在昔榆高速公路的应用,不仅节省了大量的人力、物力,大大缩短了设计方案的研究周期,而且增强了昔榆公司对项目的总体把握能力。在提出更加经济合理的道路设计方案的同时,大幅提高方案比选效率和比选精度,使道路设计品质得到提升。

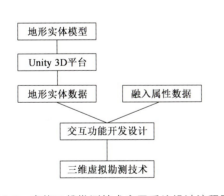

图 3-1 虚拟三维勘测技术交互系统设计流程图

图 3-2 虚拟三维勘测技术应用示意图

(三) 航飞测绘技术

采用航飞测绘技术,为公路的绿色设计提供基础数据。无人机机载激光雷达(LiDAR)的数据处理主要包括点云预处理和点云滤波。其中,点云预处理的主要目的是获得不含误差的点云数据，点云滤波的主要目的是获得分类点云数据，为后续生产提供基础数据。数据处理则是利用处理后的点云数据，可采用 Global Mapper、EPS、INPHO 等软件，构建高精度的数字高程模型（Digital Elevation Model, DEM）。LiDAR 预处理流程如图 3-3 所示。通过机载 LiDAR 点云构建高精度 DEM，是对既有航测技术的有效补充。在公路勘测的定测阶段，常常需要线位两侧大比例地形图成果。采用无人机机载 LiDAR 航测技术，一方面可通过其搭载的数码相机获取影像数据，经处理可得到地形图的矢量数据；另一方面，点云数据可用于地形图等高线和高程点的制作。在公路初测、定测阶段，横断面测量是必不可少的工序。公路横断面是指中线上各点的法向切面，其水平投影为横断面轴线，横断面轴线左右两侧的端点为断面范围。

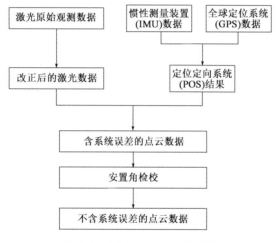

图 3-3　LiDAR 预处理流程图

地形测绘采用轻型航飞作业模式，利用无人机系统，可获取高分辨率正射影像和大比例尺地形图，数据精度及采集效率均大大提升。其机动灵活，便于集成安装，操作简单，扫描视场角大，适用于各种短程测绘、山谷或峡谷测图、带状测绘，弥补了大飞机大机载设备作业模式的不足。轻型设备航测低空飞行，空域申请较为容易，受天气的影响也相对较小，多云、阴天或者雨后均可作业。同时，其测绘的平面精度在 2cm 内，高程精度在 5cm 内。因此，航飞测绘具有作业效率高、测绘精度高的特点，能够为道路规划和选线工作提供依据。

（四）高分遥感技术

高分遥感技术全称为高分辨率遥感技术，是一种不通过与物体发生直接的接触而获取物体状态信息的技术方法。高分遥感技术获取信息的前提条件是任何物体都可以发射、反射和吸收电磁波信号，即接收到遥感信息源。因此，利用一定的技术设备和装置即可获取地表物体的特征数据，其技术原理如图 3-4 所示。高分遥感技术具有一定的宏观性，其自身的遥感图像视域较广、整体性较强，自身涉及的信息量也非常丰富。并且，高分遥感技术自身的时效性很强，遥感影像能够对道路拟建区域进行长期、动态监测，通过对不同时间段遥感影像图的分析和研究,可对地质的实际情况进行深入研究。

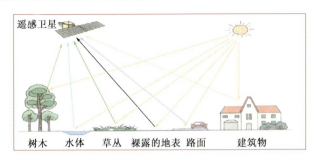

图 3-4　高分遥感技术原理图

传统的勘察手段是人工实地测量,不仅成本高、耗时长,而且技术人员野外工作的视野容易受到植被和地形的干扰,具有一定的危险性。昔榆公司应用高分遥感技术,实现大范围、高精度、远程获取道路建设区域的地物地貌信息,通过遥感正射影像,采用人工目视解译或机器学习等方法,实现快速获取拟建道路区域植被、水体、房屋、已有交通基础设施等信息,大大提高道路测绘的准确性,减少人力资源的浪费。

高分遥感技术能够通过其获取的高分辨率遥感影像,基于深度学习算法,在大量的样本分析基础上,自动识别不良地质,如滑坡、崩塌等,如图 3-5 所示,根据现有技术的研究统计,不良地质自动识别精度已经达到 75% 左右。基于高分遥感影像,快速获取不良地质体类型及分布范围,为道路设计规避区域提供可靠的数据支持,显著提高勘察设计水平和设计质量。

图 3-5　高分遥感技术识别地质

二　绿色选线重点和类型

(一) 绿色选线重点

昔榆公司严格落实土地保护政策,优化利用资源。在选线设计过程中,充分考虑沿线的地形地貌情况。由于昔榆高速公路项目地形复杂,设计院在选线设计过程中以不破坏当地生态为前提,遵从"避免开挖,充分利用"的原则,通盘考虑自然地形的坡度、方位、水平和垂直分割度、地质条件,采用分层、分台的处理手法。昔榆公司在开展绿色选线工作时,有以下几项重点内容。

绿色发展的生态性。公路选线时,需要考虑保护沿线水土和水系,结合现有地形、水系和植被等自然资源特征,并进行环境监控。不同的路线方案会涉及效率、成本问题,为了体现生态环保理念,在选线过程中需要重视对沿线环境的保护和能源节约,建设生态型公路。如图 3-6 所示,昔榆高速公路从两山之间植被较少的地带穿过。

图 3-6　昔榆高速公路从两山之间植被较少的地带穿过

路网布局的合理性。充分考虑路网设计,采取有效措施,实现绿道与生态廊道的连接,构建城乡一体的绿道网络,优选绿道节点与路径,从而加强自然、历史和人文节点的沟通和联系。路线应与区域总体规划和城市路网相协调,并尽可能满足顺利、便捷的原则,提高车辆出行效率,促进地方经济发展。

区域规划的协调性。路线设计应充分考虑沿线城镇的规划,并综合考虑与沿线城镇及区域内其他公路等衔接的合理性。另外,路线设计还要与沿线城镇规划保持协调一致,不与城镇的中长期规划相冲突,同时保证与沿线城镇交通及其他交通的有机衔接,改善外部交通条件。

(二) 地形选线

公路选线贯穿设计阶段的全过程,必须结合区域实地的地形地貌进行。昔榆高速公路位于晋中盆地,自东向西穿越太行山区。微地貌以黄土陡缓坡、陡坎、侵蚀性冲沟为主,总体地貌形态以山地为主,地形带穿越太行山脉,形成山脉纵横、峰起峦连、沟谷深切的复杂地貌形态,山峰与沟谷高差大,如图 3-7 所示。

在昔榆高速公路选线中,不论是可行性研究阶段还是工程实施阶段,均结合昔榆高速公路所在地区复杂多变、高低起伏的立体地形状况。在满足规范要求的前提下合理确定线形指标,坚持"不破坏就是最大的保护"理念,充分顺应山区地形地貌,保证山体稳定,避免大填大挖,整体式路基与分离式路基相结合,与周围环境融为一体,如图 3-8 所示。在分离式路基的初步规划设计时,特别注意纵断面和横断面的设计。昔榆高速公路路线纵断面设计环节,对路基设计进行高程标定,保证整体路基纵断面设计线处于中央分隔带的外侧边缘。实际施工环节,需重点考虑分离式路基的分幅点、合幅点高程,确保其与整体式路基高程设计相同。借助ICAD程序完成路基平面线位图、纵断拉坡图,测量出不同幅间的平面距离与纵向高度差,并借此表示出分离式路基的具体位置。

图3-7 昔榆高速公路沿线地形

图3-8 昔榆高速公路线形设计与地形、环境融合

对于河流川道路线,由于地面高差变化较小,平面线形采用较高的技术指标,尽量避免采用长直线或小偏角。在避让局部障碍物时要注意线形的连续、舒顺。纵面线形要结合桥涵、通道等构造物的布局,并确定合理的路基设计高度。对于沟谷丘陵路线,随地形变化布设,在确定路线平、纵面的同时,注意横向填挖的平衡。在横坡较缓的地段,还要注意纵向土石方调配平衡,以减少弃方和借方。对于峡谷山岭路线,一般以顺山沿河布设为主,必要时设置隧道横越山岭。路线若按沿河定线,应处理好河岸选择、线位高低和跨河地点三者间的关系。

在选线过程中,昔榆公司将基于无人机倾斜摄影的三维实景建模技术用于公路地形创建工作。无人机倾斜摄影以无人机为飞行平台,通过数码传感器、GPS定位模块以及地面操作系统,发挥倾斜摄影的全方位、全自动、高效率、高精度的场景获取优势,集成航测区域数字影像和位置信息,并通过数据处理软件高效生成实景模型,可以精准再现公路建设周边的地形地物情况,助力昔榆公司对公路选线的三维可视化场景分析。同时,昔榆公司将无人机倾斜摄影与BIM技术相结合,一方面,基于无人机倾斜摄影的三维实景建模技术为BIM设计模型的建立提供了可视化展示环境;另一方面,无人机倾斜摄影建模过程中获得的高精度数字表面模型数据可以作为BIM设计模型的地形资料,可用于昔榆高速公路的地形创建。

(三) 地质选线

长期以来,高速公路选线都是以地形选线为主,常常在选线初期没有充分考虑沿线的一些区域性地质问题。对地质灾害隐患以及在工程影响下地质灾害发展规律缺少充分认识,导致前期预判不足,后期被迫处理不良地质病害,进而提高投资规模。昔榆高速公路各方案的路线由东向西展布,依次穿越构造侵蚀溶蚀低中山区、黄土覆盖基岩中低山区、构造剥蚀低中山区、黄土丘陵区及中间穿插的山间河谷区,地层由老至新依次出露。同时,昔榆高速公路沿线的不良地质现象及特殊岩土主要为岩溶、采空区、湿陷性黄土、滑坡、不稳定斜坡,沟壑纵横,高边坡、石质边坡多,如图3-9所示。

图3-9 沿线地质概貌

针对昔榆高速公路的地质条件,在路线设计之前,先对走廊带做地质调查及资料收集,结合初步地质资料选线后,再评价其地质方面优缺点。地质选线主要从以下五个方面考虑。

第一,路线应避免平行于区域大型断层,远离发震断裂带。区域性的正断层和逆断层会使岩体张拉或挤压,导致岩体完整性差,风化程度高,对边坡和桥隧稳定性带来不良影响。对于必须平行断层设置线位的情况,则应在断层带较窄部位通过,且线位布设在断裂的下盘,利于公路工程抗震。第二,隧道在褶皱地层时,应尽量避免在褶皱核部通过。背斜与向斜是褶皱的两种基本形态。背斜核部呈拱形结构,具有一定承载能力,导致隧道洞顶不易掉落岩块,但围岩完整性很差。向斜核部为倒拱形,张裂隙切割的石块容易从拱顶垮落,且向斜核部常有承压水储存,发生涌水对隧道建设不利。若必须修建隧道,宜选择在褶皱的两翼。第三,大型滑坡、崩塌岩堆、采空区、泥石流等不良地质段落,处治难度大。因此,对于大型不良地质区域,要早识别早避让;对于中型、小型不良地质区域,可对治理方案和改线方案做技术经济比选。第四,对于大规模的特殊性岩土,如深厚的大范围软土、强烈发育湿陷性黄土、中或强膨胀土等区域,一般也是尽量避让更为经济。第五,隧道作为深埋于地层的条带状结构物,对地质情况变化最为敏感。需要查明采空区、岩溶区、富水地层、瓦斯地层、断层破碎带等特殊地质情况,在选线时应尽早避让。

此外,地质选线过程中,昔榆公司将遥感数字技术新方法用于公路地质选线工作,从而快速准确地筛选出控制各路线方案的地质重点、难点,进而从专业技术的角度评价各方案、支线、枢纽及局部比选方案地质条件和特点,更加有效地建立三维地质模型。遥感数字技术新方法实现了室内与野外的互动,例如,沿山区可精确地勾绘出风沙、防护林等控制线路的重点、控制点,调查组可查看底图,并进行现场重点点位核对。数字技术定位视口范围大,定点准确,避免多人识图定位、转图等带来的误差,大大提高了填图精度,为昔榆高速公路选出最佳方案提供必要的技术支撑。

(四)安全选线

昔榆公司将安全设计理念融入公路选线过程中。公路选线必须考虑行车安全,特别是在太行山区,受地形、地质、自然气候条件限制,公路选线困难。昔榆公司在线位选择过程中更着重考虑平面线形顺适、纵面指标均衡、避免采用长大纵坡和极限指标等,对于条件受限、指标较低的局部路段,对线形指标进行运行安全检算和评价,具体采用以下五个步骤。

第一,以设计速度为依据,采用相应技术标准,确定平曲线各单元的一般最小值、坡度和竖曲线的最低技术指标,并确定横向力系数取值。第二,利用路线设计软件,进行道路平纵面设计,注意平纵协调及环境配合,检查相邻单曲线参数间的关系,使其满足路线规范提出的安全条件。第三,计算路线的运行速度,并对运行速度的协调性进行评价,如安全性不达要求则需修改设计。第四,基于运行速度,计算停车视距超高值,计算典型车辆的行驶稳定性,若核查出有长大下坡情况,应优化线形并采取必要的安全措施。第五,总体检查或模型检查,核实路线三维空间,检查其安全性,进一步明确临岸临崖、积水积雪、团雾横风等易发生交通事故次生灾害路段,做好安全风险的评估,并落实应对措施。

通过增加平曲面数量,提高曲线占比,选择合适的平曲线半径,使线形符合驾驶员视觉和心理需求,避免长直线或单个长大平曲线给驾驶员带来的驾驶疲劳和视觉疲劳,从而预防或减少交通事故的发生。昔榆高速公路平曲线半径设计如图3-10所示,对于地形地质条件较好的路段,可结合运行速度检验结果,通过对平曲线半径进行精细取值,主动影响和控制驾驶员行车速度,确保运行安全。

图 3-10　昔榆高速公路平曲线半径设计

(五) 生态选线

昔榆公司将保护生态环境作为一项控制性指标,在开展高速公路选线工作时,主观上考虑生态环保问题。遵循生态保护红线由生态功能红线、环境质量红线和资源利用红线构成的基本思路,严格按照优化开发、重点开发、限制开发、禁止开发的主体功能定位,根据沿线不同的生态区域调整路线走向和线形。

在实际选线时,争取保存现有植被,分析昔榆高速公路沿线现有植被保留和利用的可能性。景观绿化应配合自然环境,体现自然植物生长特性。绿化主体以自然的山野、景观为主,通过地形的起伏变化与林木的组合形成层次变化。另外,植物品种的搭配以模拟自然为主,并结合该地段的地形、土壤、水体、气候等环境特点来规划景观,兼顾景观多样性的保护。

对路线穿越地区的珍稀动物种群分布进行深入调查,全面掌握种群的生长、迁徙规律,尽量避免对其栖息环境的扰动。充分利用已设置的人行通道、涵洞桥梁作为动物通道,并可视需要结合立体工程设置兽道,如图 3-11 所示。设置动物标志、减速行驶标志、灯光反射装置与保护栅,避免对动物种群的生活习性造成干扰。

图 3-11　昔榆高速公路设置的动物通道

昔榆公司把 BIM + GIS 技术融入公路生态选线中,将公路线位对自然景观的影响降到最低。在公路生态选线中,首先判断线位是否跨越自然保护区的核心区和缓冲区,例如,昔榆高速公路松溪河大桥与涂河特大桥采用大跨径结构跨越生态保护区,如图 3-12、图 3-13 所示。基于高精度的 BIM + GIS,更准确地量化核心区、缓冲区与设计线位的相对距离,确保设计线位的准确有效。此外,昔榆公司从环境影响角度,分别考虑不同方案对沿线生态环境、水环境、声环境等的影响程度,基于高精度 BIM 模型对相关生态指标进行量化,综合指标重要性、指标影响程度、规划协调性,给出比选结论。

图 3-12 松溪河大桥跨越生态保护区

图 3-13 涂河特大桥跨越生态保护区

(六) 资源选线

昔榆高速公路沿线有大量的地下资源(矿产资源),特别是昔阳县内存在煤矿密集分布区域。昔榆公司坚持集约利用通道资源,尽量减少对煤炭资源的压占,在公路规划时对沿线的矿产资源进行调查,避让储量大、经济价值高的矿带。必须穿过矿区时,则选择开采价值低的贫矿带且缩短范围。公路建设时,若需要经过已经停止利用的废弃矿井区域,则在选线时对矿井的分布范围进行充分了解,避免矿井对公路工程的安全性造成影响。除此之外,考虑到矿产资源对周边路基情况的影响,昔榆公司尽可能采取有效方式,避免对路基造成干扰。

高速公路的建设虽然不可避免地要占用一定的土地,但交通条件的改善将有利于国土资源的均衡开发,可以大大提高土地资源的使用效率。昔榆高速公路选线贯彻"十分珍惜、合理利用土地和切实保护耕地"的基本国策,坚持依法用地、科学用地、合理用地和节约用地原则。可以利用荒地的,要积极利用荒地,不能占用耕地、林地,可利用劣质地的不得占用好地。在决定方案取舍的过程中,应将占用基本农田面积的多少作为重要的比较条件。在公路选线时,不占用耕地和森林,特别是高产农田和天然林,尽量利用荒岭、荒山路段,如图 3-14 所示。在技术经济比较的基础上,尽量考虑设置挡墙、高架桥、护坡、护脚等防护设施,缩短边坡长度,节约用地,采用能够降低高程的新型桥梁结构,对于不得已而占用的耕地,施工完成后应整地还耕。服务设施的规模和功能的确定,应综合考虑道路交通量大小、地形条件、路段长度、社会服务需要等因素,尽量少占优质土地和森林,确保路线周边的生态环境得到保护。

图 3-14 利用荒岭、荒山填挖平衡

在选线时,昔榆公司还重点考虑对水资源的保护。对于减少公路施工对水资源的污染问题,最直接的方式就是进行规划设计和选线设计的调整,避开重要水域。为此,昔榆公司在绿色选线的以下三个方面重点开展水资源的保护。首先,选线方案不占用居民集中地区的饮用水源,避让距离不宜小于 100m,条件不足时采用绿化带或者其他隔离防护措施。其次,避让用于农田灌溉及养殖的水库、鱼塘、虾池等,必须通过时将路线布设于水体下游,同时应采取绿化等有效的隔离防护措施以保护水质。最后,注重保护有重要经济、旅游、保健价值的水体,如温泉、矿泉、瀑布等。

另外,路线设计要保护自然水流的方向,不压缩过水断面,也不堵塞和阻断水流。设计路线排水系统时,路面水不得随意排入公路两侧的水体和土壤中,要采取集中收集和处理的办法,避免污染周围的水土资源。桥址、服务区、管理设施的选择应与水源保护地及城镇饮用水集中取水口保持足够的距离,同时注意防洪、排涝。隧道地址选线应避开或保护储水结构层和蓄水层,并加强衬砌防护,保护地下水资源。公路侵入湿地时,路线宜布设于湿地边缘或采用高架桥等方案,施工废料应弃于湿地之外。

第三节　绿色规划成效

昔榆公司灵活运用技术指标,按照"以人为本、节约资源、保护环境、协调发展"的价值理念,贯彻环保性设计、灵活性设计和宽容性设计思想,注重绿色勘察和绿色选线,变设计工作为设计创作,变设计产品为设计作品,形成了良好效果,为实现昔榆高速公路的绿色建造奠定基础。

一　保护生态环境

在进行线路规划设计时,昔榆公司明确指出,保护所在地区原有的自然资源和自然景观,避免对沿线自然环境造成较多的影响和破坏,即坚持生态选线。项目规划本着"不破坏就是最大的保护"的原则,在规划设计中以最大程度保护、最小限度破坏、最有利于生态修复为出发点,切实落实尊重自然、保护自然、恢复自然的理念,选定有利于环境保护的路线线位,使线形设计与当地自然环境相协调。将路线平纵线形、路基、构造物及沿线设施与沿线的自然景观、人文景观融为一个有机整体,使得自然环境与公路和谐发展。

在前期勘察中,严格落实并广泛宣传绿色勘察理念,对勘察人员进行行之有效的培训,有效提高勘察单位和昔榆公司对绿色勘察重要性的认识,增强昔榆公司建设人员的绿色勘察意识,强化绿色勘察理念。昔榆高速公路勘察过程中,在路线布设、桥梁选型、互通立交布局及形式、路基防护、施工方案等方面都大力强调环境保护及景观设计,最终的设计成果体现"和谐美丽"生态公路的特点。同时,作为山区高速公路,昔榆公司也着重考虑高填深挖对自然景观、植被的影响,公路的分割与阻隔对野生动植物的影响、对水土流失的影响,开挖、废方堆弃、爆破作业等诱发地质灾害的影响等。

在道路规划过程中,推行生态环保设计,加强生态选址选线。依法避绕铁桥山自然保护区、八缚岭自然保护区、九京水库饮用水水源地、恋思水库饮用水水源地、松塔水库饮用水水源地等生态敏感区,充分保护了自然保护区的完整性和原始性。推行生态环保设计和生态防护技术,重点加强规划过程中的植被与表土资源保护和利用,使得建造阶段能够做到边施工边绿化,减少生态割裂,做到最大程度地保护自然。施工图规划设计阶段,进一步优化平纵面线形,减少高填深挖段落,从而减少对生态环境的破坏。合理进行土石方调配,减少弃方量,根据环评水保报告要求选定弃土场位置,对弃土场进行必要的复垦和绿化,达到与周边环境和谐统一的效果。边坡做到开挖一级、防护一级、绿化一级,路基填方与弃土场同样做到边填边弃边绿化施工方针,做好重点地段、重点区域的绿色提升,营造美丽、和谐、生态的绿色路线景观。

在跨越木瓜河和县道 X346 马西线的路线初步设计阶段,特别重视土地资源的利用。初步设计路线以深挖方形式通过,线位在河床跨越长度较长。为了减小在河床的跨越长度,更好地保护河道环境,并尽量不改变现状道路的情况,施设阶段将线位南移约 165m,路线从河流较窄的河槽段通过,并从高程较低的山梁上通过,调整后桥梁减少了 7 孔,桥梁长度减少 280m,挖方量较初设方案减少约 20 万 m^3,调整后线位与自然环境协调更好。

二 节约土地资源

在确定选线方案前,昔榆公司便先对项目现场进行全面勘测和考察,并结合实际情况设计科学合理、具有可行性的路线方案。以"少占农田,且尽量利用荒山荒地、劣地"为原则,科学合理地选择线路的走廊,进行科学的选线、布线,坚持资源选线,秉持节约土地资源的理念,避让基本农田,禁止耕地、林地超占,减少土地分割,减少拆迁,如图 3-15 所示。在规划过程中,对路线的选择进行了深入分析与研究,坚持地形选线。尽可能地协调自然地形,同时重视与农田建设相贴切,并结合农田的实际情况与公路建设的占地情况,全面分析并制定出一套科学合理的线位选择方案。

图 3-15　选线避绕耕作区

控制土地总量,在已确定的控制节点间进行公路连接,有效减少土地的占用量,实现了预期的经济社会效益。路线布设施设阶段,优化分离式路基长度,缩小分离式路基间距,减少土地的浪费和占用。同时,规范取弃土场使用,使用前进行勘测,按照先挡后弃原则合理选址,完善防护设施,过程中规范弃渣,做好控制,结束后及时平整土地、恢复植被,积极推进保护土地资源、节约土地资源的行动。弃土场选址如图 3-16 所示。

图 3-16 弃土场选址

三 降低工程造价

充分贯彻绿色公路建设理念,在采用运行速度对路线设计进行检验和安全性评价的基础上,根据沿线建设条件和构造物布设,合理采用平、纵技术指标,尽量使平、纵面指标均衡连续,减少高填深挖路段,使公路工程与山区自然环境相适应、相协调。在平、纵、横设计方面,尽可能顺应地形,避免和减少高填、深挖,尽量做到土石方的填挖平衡,减少废方和借方数量。降低路线建设对水利设施、电力通信设施的干扰,减少拆迁。

通过采取顺应地形、缩短隧道长度、缩短桥长、避免桥梁与河道平行布设等措施降低挖方量,减小工程规模,降低工程造价。初步设计阶段,白道岭隧道线位工程规模较大;施设阶段坚持顺应地形,将线位向北调整约 300m,调整后白道岭隧道长度缩短约 200m,减少了挖方量,降低了工程规模,节约了工程投资,使公路工程的经济效益得到有效凸显。

在方案比选优化阶段,从环保、地形、地质等角度进行了深入比选,按照初设评审意见对平纵面指标和线位进行了修改和局部优化。例如,施设阶段,将某段线位北移约 20~60m,优化后路线长度基本不变,桥梁长度较初设时减少 480m。在遵循绿色环保和节约资源的原则下,最大限度地节约工程投资,有效降低工程建设造价。

四 保障行车安全

加强公路路线设计的重要意义是有利于提高车辆运行的安全性。路线平面线形以曲线为主,充分利用地形条件,运用对称或非对称基本型、S 形、卵形等多种线形,平曲线占路线总长度的 70%。在勘察过程中发现,路线穿越黄土覆盖低山丘陵区、黄土塬区和山间河谷区,地形起伏大，因此，纵断面设计尽量顺应地形。例如，昔榆高速公路昔阳枢纽工程匝道纵断面设计在满足桥下净空、视距及平面线形组合合理的要求下，尽量采用较缓纵坡，遵循能缓则缓、平纵组合合理原则，使立交线形达到良好视觉效果，如图3-17所示。在设计时控制长大纵坡，从而降低运营期车辆行驶在大纵坡路段引起的能源消耗和安全事故。

图3-17　昔阳枢纽选线设计图

通过科学合理的规划设计，提高公路弯度和坡度的合理性，进而保证车辆在行驶过程中的视距，提高行车安全性。在规划中，公路路线经过山谷、河流等地区时，尽量与周围的走向保持一致，避免生硬拉直线、强制切割地形等情况，尽量确保公路路线的流畅性和美观性，减少公路规划设计与自然环境的冲突。坚持地形选线，不但能够保持良好的视觉效果，还能够提高行车人员的舒适程度。在保证安全视距的基础上，以运行速度设计理念为指导，充分重视平、纵、横协调设计，规划设计时尽量灵活应用直线和曲线，按地形起伏布线，使行车人员的视线结合视觉景色不断变化，从而丰富行车人员的视野景观，并能够缓解驾驶人员的视线疲劳，进而提高行车的安全性和舒适性，如图3-18所示。

图3-18　直线和曲线的灵活运用

公路规划设计也与地质条件、隧道、桥梁等相协调。项目路线穿越白羊岭煤矿路段,在路线设计前加强地质勘察,严格控制滑坡、泥石流等地质灾害对公路及公路使用者的危害,避免过度开挖山体,加强文物保护。加强地质勘察工作,组织地质专家赴现场探勘,查清采空区分布范围及现状。组织相关路线方案的专项论证会,并结合地方政府及煤矿意见,最终确定路线的推荐方案,有效避开昔阳县杜庄烽火台遗址,加强文物保护。同时,该方案采取最大限度避让采空区的措施,消除了采空区对杜庄隧道工程的影响,有效防控风险,减少安全隐患,保证行车安全。

第四章
CHAPTER 04

绿色设计

第一节　绿色设计概述

一　绿色设计定义

绿色设计是在绿色公路的设计中贯彻全寿命周期和均衡协调的思想，统筹项目建设、人文社会、自然环境等各方面要求，综合分析公路的使用功能和施工建设、运营养护可能对自然资源环境造成的影响，并采取科学合理、与实际相结合的设计措施。绿色设计全面考虑项目建、管、养等各方面的需求，节约集约利用资源，推动标准化建设，使用节能降碳新技术，提升公路的建设品质，提高工业化建造水平。

绿色公路设计以质量优良为前提，贯彻"安全、耐久、节约、和谐、环保"理念，努力打造资源节约、环境友好、运行舒适、节能高效、服务完善的公路工程。绿色设计应遵循现行有效的公路设计规范等相关技术要求，并采取优化选线设计指标、节约集约利用资源、提升工业化建造水平、统筹全寿命周期成本、加强 BIM 技术和创新技术应用等措施，推动交通与旅游融合发展，提升绿色设计水平。

二　绿色设计特点

（一）追求最优化

建立综合最优化设计评价体系，坚持设计创作、精益求精的原则。绿色公路设计以质量优良为前提，从全局出发，贯彻"安全、耐久、节约、和谐、环保"理念。系统性、统领性地加强项目的总体设计，将路线、路基路面、桥涵隧道、交通安全、互通立交、环保景观、沿线设施等专业设计进行统筹规划，将绿色公路理念贯穿于整体设计中，最终实现公路与沿线生态、人文、经济、社会和谐发展的目标。

（二）重视灵活性

在充分掌握现有技术标准、规范的基础上，保证安全与功能的同时，应高度重视灵活性设计。通过合理选用标准，灵活运用技术指标，做好路堤与桥梁、路堑与隧道的方案比选。做好横断面和纵断面设计，实现填挖平衡，最大限度地降低对环境的影响，尽最大努力实现公路工程、沿线生态与经济社会的协调发展。

(三)推进标准化

以推进模块化建设为方向,深入推广标准化设计,鼓励预制构件设计标准化和通用化,推动设计标准化和施工标准化的有机结合。大力推进预制拼装技术,尽量减少混凝土现浇结构,缩短建设工期,降低工程建设对环境的影响。

(四)提高宽容性

树立"以人为本、预防、容错、纠错"宽容性设计理念,从系统性的角度提高公路行车安全。设置合理的路侧净空,如采用低路堤、宽平台、缓边坡等,提高道路安全性;设置宽容性的路侧结构物,如路边减震带、护栏、防撞垫、标志杆柱等,为侵入路侧车辆提供安全保护。

(五)注重景观性

践行绿色发展理念,提升公路建设全过程绿色化水平。根据路域景观风貌,对全线边坡坡面、护坡道、碎落台等区域,采用封景、障景、透景、诱景等设计手法进行绿化设计,基本达到"四季常绿、三季有花"的绿化效果。

绿色设计原则

(一)坚持生态环保

尊重自然、重视资源。正视、尊重自然,并充分肯定自然的价值,是昔榆高速公路生态环保设计的首要原则。该原则强调减少对环境的干扰与破坏,注重在生态环保设计中充分展现自然美。同时,在公路设计中遵循"将对自然环境与生态系统的破坏降至最低"的理念,保持生态系统的平衡和稳定,真正做到自然环境与公路建设和谐发展。此外,倡导充分利用物质与能源,使有限的资源能够"物尽其用",实现资源的可再生循环利用。

保护物种、协调环境。高度关注高速公路的建设与运营维护过程中产生的噪声污染、照明污染对动物的正常生活造成的影响,在公路的生态环保设计中加以考虑并采取措施,尽可能减少对动物生存环境的破坏。在确定公路设计方案时,重点分析其对自然环境的影响,并明确要求必须保证生态系统不被破坏以及避免过度损坏自然环境。通过公路线形组合的优化设计,使公路建设与环境更加协调,从而使自然界物种多样性得以长久维持。

(二)坚持资源节约

统筹资源、因地制宜。统筹区域内交通资源与工业、农业等各类资源的配置,实现区域资源节约集约利用。因地制宜保护土地资源,做到充分利用,减少重复建设,临时工程设置尽量与永久工程结合,节约土地资源。因地制宜采用低路堤、浅路堑或者高架桥方案,减少占地。

合理选用互通形式和匝道线形,紧凑布设互通式立交。利用互通式立交内土地和加减速车道,统筹设置服务区或停车区。

填挖平衡、节约用地。在设计时,尽量优化纵断,尽量避免大填大挖,注重填挖平衡。对于高填土路堤,由于其边坡高度大、坡度缓,路堤占用土地数量巨大。如果其所占为农田,考虑采用桥梁方式通过。如果其所占为荒山且沿线弃土数量较大,则考虑采取高填路基与弃土场综合利用形式,减少弃土场占地。对于深挖路段,采用支挡加固工程和边坡防护相结合的方式减少开挖,节约占地。通过控制路基填挖,统筹土方调配,尽量在设计中做到零弃方、少借方,实现最小的占地、最大的节约。

(三) 坚持以人为本

主动服务、人文关怀。传统意义上高速公路服务区的主要功能是为过往人员提供更为便利的服务,处于较为被动的状态,同时也缺乏个性化和多样化的服务功能,长此以往,会使服务区不具备激发潜在要求和促进消费的能力。随着社会发展,传统的服务理念已经无法满足人们日益增长的需求,因此,彻底改变传统落后的服务理念是高速公路服务区规划发展的基本前提。

开放包容、服务拓展。首先,结合服务区实际情况对各类服务功能进行合理分区,不仅要求各区之间相互联系,还要求各自分割、互不影响。其次,全盘考虑服务区内的交通环境,实行人车分流模式。并且,在服务区设计中运用开放性理念,即借助多样化的开放空间为驾乘人员提供更加丰富的休憩空间,并为大众提供便利的服务,这在一定程度上也能够促进消费。

(四) 坚持文旅交融

文化传承、旅游提升。交通和旅游是相互促进、相互依托的。旅游业的蓬勃发展,促使交通运输不断转型升级,也带动了交通服务品质的不断提升。昔榆公司践行交旅融合理念,使公路在满足通行需求的同时也成为新的风景,促进交通运输行业业务扩展和服务水平提高,满足旅游业蓬勃发展的需要,融合交通和旅游产业,促进沿线经济发展。

交旅融合、快进慢游。快进慢游理念是交旅融合发展的核心理念,旨在方便游客出行并丰富游客的旅游体验。"快进"是指要建设快速通达旅游目的地的交通网络,提高旅游通达性和便捷性,要求通往 AAAA 级景区要有一种以上快进交通方式,通往 AAAAA 级景区要有两种以上快进交通方式。"慢游"是指要推进建设集食住行游购娱于一体的"慢游"交通网络,因地制宜地建设旅游公路。贯彻落实"快进慢游"理念,将旅游和交通一并纳入规划,而非仅仅是旅游公路交通运输功能的提升和旅游公路本身景观的打造,这使得昔榆高速公路具备让旅游者和公路使用者在公路沿线区域停留和游憩的丰富功能和作用。

(五) 坚持景观提升

关注公众、提升景观。在生态环保设计中,不仅要保证公路的实用性,也要注重生态的观赏性。为了保证公路的美感,明确提出,在设计绿化带时,所选的植被必须符合当地的生态环境,以免选用不适合的植被进行种植。如果所选择的植物对当地环境不适应,便有可能会大量枯萎和死亡,势必会影响生态公路的绿化工作。

和谐共生、特色展现。在高速公路景观设计中,应当遵循与自然景观和谐共生的理念,解决公路建设所导致的环境污染与破坏问题。在开展高速公路工程施工建设时,会改变公路原有景观面貌,还会污染周边环境,对区域生态平衡影响较大。为了避免出现该类问题,必须将与自然景观和谐共生理念应用到高速公路景观设计中。因此,坚持原生态设计,合理运用自然资源与生物资源,避免人工构筑物破坏自然环境,维持原有水体和山体状态,打造高速公路原生态绿色廊道,以尊重自然、保护自然、利用自然、恢复自然为方针,实现"人在车中坐,车在画中行"的愿景。此外,公路与环境是一个有机整体,在景观设计时既注意路内协调,又注意与路外环境的协调,使沿途景点、附属设施及绿化植物具有统一性和连续性,避免了景观相互独立、缺乏整体协调性的问题。

第二节　绿色设计技术与措施

一　路基设计

（一）路基土石方综合利用

昔榆高速公路项目规模大,弃土方量较多,因此,在设计阶段便采取各种方法缩减取、弃土场用地数量。通过土石方前后调配减少线外取、弃土,并采用多种材料作为路基填料,尽量减少路基填土,从而少占耕地。此外,弃土场位置充分利用空地和劣地,弃土完成后可进行造地,如图4-1所示。沿线表土、挖淤土方等可回填于部分取、弃土场表层,以减少土方浪费。为此,以绿色环保、节约用地、变废为宝为主导思想,通过绘制全线土石方分布形象图并结合标段划分、固废利用情况等,在初步设计文件的基础上,将取土场减少10处、弃土场减少15处,从而达到经济合理和节约土地资源的目的。

对于湿陷性黄土路段,为了消除或减小湿陷性黄土对路基的危害,按其分布厚度、湿陷等级,根据不同的水文地质条件进行相应处理。对于Ⅱ级非自重、Ⅱ级自重及填土高度小于或等于4m的Ⅲ级自重湿陷性黄土地基,采用冲击碾压处理(受场地限制可采用重夯,夯击能为600kN·m)。对于填土高度大于4m的Ⅲ级自重湿陷性黄土地基,采用重夯处理(夯击能为600kN·m)。对于Ⅱ级非自重及Ⅱ级自重湿陷性黄土地基,超挖至路床底,正常碾压后,路床分层回填4%水泥土。对于Ⅲ级自重湿陷性黄土地基,超挖至路床底,冲击碾压后(受场地限制可采用重夯,夯击能为300kN·m),路床分层回填4%水泥土。对于不能采用强夯或冲击碾压措施处理的填方路段(如地基土的含水率>17%或饱和度>60%;距民居或厂房等建筑物距离小于50m;地形不平整,如窄小的台阶地或凹槽等),路堤底部换填50cm 4%水泥土,同时在坡脚设置水泥土隔水墙。填方路基为基底至坡脚外3m,当处治范围超出占地界时,以占地界为限,挖方路基为路基宽度至边沟外侧。

图4-1 弃土场复垦造地

昔榆高速公路沿线耕地较多,为最大限度减少对耕地的占用,施工单位探索出一项资源节约的绿色工地创新——梁场建在路基上(图4-2)。这需要施工单位改变传统的作业流程,更加精确地设计各道工序,通过增加设备运转来保证生产通道畅通。

图4-2 梁场建在路基上

(二)路基断面设计

秉承"安全稳定、经济环保"的原则,开展路基断面设计。首先,对边坡坡率进行严格控制,调整路堑挖方坡率,坡率采用1∶0.75,部分路段采取桩板式挡土墙加固措施。桩板式挡土墙作为一种轻型挡土墙,可用作路堤墙、路肩墙或路堑墙,也可用于小型滑坡治理或处治边坡坍滑。桩板式挡土墙(图4-3)的使用,不仅能够减少开挖断面,还能够大量减少挡土墙基础开挖的费用。

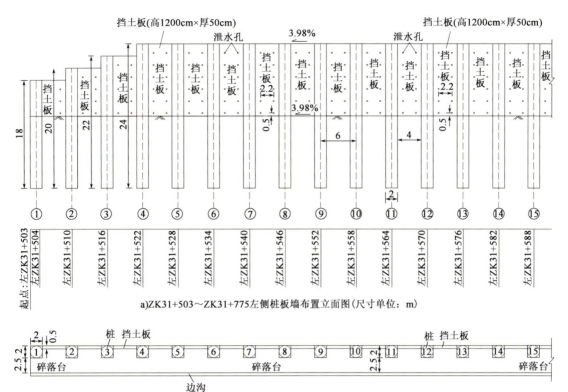

c)桩板式挡土墙防护实景

图 4-3 桩板式挡土墙防护

在昔榆高速公路路基施工中,为避免出现路基失稳或者变形导致土体塌陷,或者路基遭受水损害等情况,增设路堤挡土墙(图4-4),在提高路基下层结构稳定性的同时,减少占地面积。

图 4-4　路堤挡土墙防护

(三) 路侧边沟设计

在路侧边沟设计中,充分结合路基平面线形、纵断面情况及自然条件,不仅考虑路侧边沟断面的情况,也充分考虑挖方路基地段填筑高度小于边沟深度的填方路基地段以及路堤靠山一侧的坡脚边沟的设置情况。路侧边沟断面一般采用梯形断面,因其过水断面最小,作为排水工程该断面最合理,但梯形断面开口较矩形断面大 2 倍。为节约占地,在挖方路段采用矩形边沟,可有效节省土地资源。

边沟用于排泄路面及路堑坡面汇水,根据不同情况采用不同形式。昔榆高速公路沿线的边沟为 50cm×60cm 矩形断面,局部流量较大路段边沟为 50cm×80cm 矩形断面,边沟采用 C25 现浇混凝土加固。此外,对于低填浅挖路段,应设置浅碟形边沟。

(四) 路基排水环保设计

作为生态公路的基础,路基的生态环保设计工作十分重要。在设计期,要求设置涵洞构造物形成立体交叉,减少对地方排灌系统的干扰,避免路面排放的污水直接进入农田造成二次污染。特别是路线经过河流段,强调应注意避让,采取综合排水、绿化等隔离措施,保护水质不受污染。路基排水主要采用边沟、排水沟、截水沟、急流槽及桥涵等构造物,能够将路基、路面的水流导入天然河沟,引离路基。

排水沟用于将边沟、截水沟、取土坑、边坡和路基附近积水引入桥涵或路基以外的地方。排水沟一般设置于路堤护坡道外侧,采用 60cm×60cm 矩形断面,可根据排水流量的大小调整排水沟的宽度和深度,并采用 C25 混凝土浇筑。现浇混凝土排水沟如图 4-5 所示。路堤排水应引入既有沟渠或冲沟,无法排至既有沟渠或冲沟地段,将排水沟引出路基范围外 20m 后方可散排,如图 4-6 所示。

此外,为了确保公路的正常运营,防止路基边坡受到冲刷产生水土流失,在路基设计中,对于挖方边坡,根据岩性特性采取植物防护和工程防护等各种措施;对于填方路基,根据填土高度并结合地形条件,分别采用挡土墙、拱形骨架护坡等,并辅以草木种植,防止水土流失。

图 4-5　现浇混凝土排水沟

图 4-6　路堤排水

 路面设计

(一)设计采用路面环保材料

针对运营中高速公路沥青路面出现的纵横向裂缝、坑槽、沉陷、龟裂等病害现象,在设计中充分考虑公路建设和使用过程一体化,路面上面层采用橡胶沥青混凝土(ARAC),如图 4-7 所示,各项技术性能指标(尤其是渗水、降噪性能指标)效果提升大,且解决了时效性和必须持续搅拌防止离析的问题,延长了路面使用寿命,降低了运营期养护成本。

图 4-7　ARAC 铺设

在路面设计上,路面上面层全线采用聚合物废胎胶粉复合改性沥青(图4-8)。该复合改性沥青由胶粉、外掺剂(SBS改性沥青稳定助剂等)掺配而成。胶粉采用大型货车轮胎加工的30~80目胶粉。其优点是在减少环境中黑色污染和白色污染的同时,提高沥青混合料高温稳定性、低温抗裂性、抗滑性、耐磨性。此外,胶粉颗粒还具有吸收光线、减缓强光刺眼的优点。

图4-8 胶粉复合改性沥青路面

在铺筑路面面层前,应在基层上洒布乳化沥青透层油,透层油要求在基层铺筑碾压、表面稍干后及时喷洒。透层油喷洒后,应立即洒布 $2\sim3m^3/1000m^2$ 的中粗砂或石屑。透层油的用量通过试洒确定,用量不宜超过《公路沥青路面施工技术规范》(JTG F40—2004)。此外,为增加沥青面层的层间结合,在沥青混凝土之间洒SBS改性乳化沥青黏层油,同时在桥面混凝土表层喷洒SBS改性乳化沥青桥面防水黏结层。黏层油的用量应根据下卧层的类型通过试洒确定,并符合山西省地方标准《公路改性沥青路面施工技术规范》(DB14/T 160—2015)的规定。由于沥青面层存在渗水的可能,应在喷洒透层油后铺筑同步碎石封层,封层的厚度为10mm,并采用改性乳化沥青作结合料。同步碎石封层的矿料级配和技术要求参照《公路沥青路面施工技术规范》(JTG F40—2004)。

浇筑水泥混凝土路面时,可选用硅酸盐水泥、普通硅酸盐水泥或道路硅酸盐水泥,水泥强度等级为42.5。水泥的物理性能及化学成分应符合现行国家标准《中热硅酸盐水泥、低热硅酸盐水泥》(GB/T 200)和《道路硅酸盐水泥》(GB/T 13693)的规定。粗集料应使用质地坚硬、耐久、洁净的碎石,其技术要求、级配范围应符合《公路水泥混凝土路面施工技术细则》(JTG/T F30—2014)的规定。

(二)设计采用环氧沥青混凝土桥面铺装

为使桥面铺装具有足够的变形适应性,同时提升其抗疲劳开裂性能,钢箱梁和刚构桥面的施工采用环氧沥青混凝土铺装。环氧沥青是新一代钢桥面铺装材料,是将环氧树脂加入沥青中并均匀分散,形成以沥青为分散相、环氧树脂为连续相的多相体系,再经与固化剂发生交联反应,形成的热固性聚合物。

环氧沥青混凝土桥面铺装的施工包括环氧沥青混凝土的生产、运输、摊铺、碾压、切缝及养护等过程,具体施工工艺流程如图 4-9 所示。为避免运输车及摊铺机在防水黏结层上打滑,应在运输车及摊铺机行驶路径上撒布少量的混合料。施工过程中,每隔 10m 量一次松铺厚度,待碾压完毕后每隔 10m 用针刺或其他方法在相应点测一次实厚,以检验松铺系数和摊铺厚度。

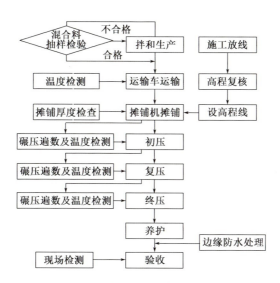

图 4-9　环氧沥青混凝土桥面铺装施工工艺流程图

昔榆公司对环氧沥青混凝土的使用,极大地实现了生态环境保护与资源节约集约使用,其铺装效果如图 4-10 所示。环氧沥青混凝土具有强度高、耐疲劳性好等优越特性,普通沥青铺装层设计厚度应不小于 9cm,环氧沥青混凝土只需 3~6cm 厚度就可达到铺装层对强度和耐久性的要求,对沥青混凝土集料(石子、砂、矿粉等)材料的用量将减少约 50%,有效实现资源的节约集约使用。同时,环氧沥青混凝土的拌和温度在 115℃ 左右,相较于传统沥青混合料的拌和温度下降 40~50℃,进而能够节省燃油约 30%。此外,环氧沥青在实际工程应用时,CO_2、烟尘和可悬浮物的排放量能降低 50% 左右,氮氧化物(NO_x)、SO_2 的排放量能减少 65% 以上。

图 4-10　环氧沥青混凝土路面铺装效果

(三)设计采用凸起式路肩缘石

当高速公路的路面排水采用集中排水方式时,常常需要设置拦水带,即沿硬路肩外侧或路面外侧边缘设置的用来拦截路面和路肩表面水的堤埂。将路面表面水汇集在拦水带内,通过间隔一定距离设置的泄水口和急流槽集中排放到路堤坡脚外。传统的拦水带常采用水泥混凝土、沥青砂和当地其他材料预制或现场浇筑,并采用梯形横断面。为加强耐久性设计,降低后期养护维修成本,将昔榆高速公路的沥青混凝土拦水带调整为凸起式路肩缘石,提升了路面边部排水设施的耐久性和路表整体美观性。凸起式路肩缘石的尺寸与应用效果如图4-11、图4-12所示。与此同时,为贯彻绿色环保设计要求,注重建养一体化与全寿命周期性设计,采用防腐石材来建造路边石、路缘石,如图4-13所示。

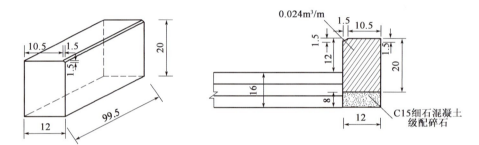

图4-11 凸起式路肩缘石尺寸(尺寸单位:cm)

图4-12 凸起式路肩缘石拦水带应用效果

图4-13 路边石、路缘石采用防腐石材

(四)设计采用自融雪路面技术

昔榆高速公路穿越太行山脉,冬季常有雨雪,路面的积雪结冰问题是影响山区道路运行安全和运输效率的关键。为此,背阴路段和隧道进出口等易积雪积冰路段采用自融雪路面技术,赋予路面自身主动融冰化雪能力,有力保障昔榆高速公路冬季运营安全。

自融雪路面技术,即在路面铺装材料中掺加抗冻消融化学材料,不改变正常施工工艺,不增加施工难度,通过毛细作用,化学材料缓释溶出,在不影响混合料技术指标及路面使用性能、不污染环境的条件下,实现路面降雪的自消融并抑制路面结冰,其原理如图4-14所示。具体而言,将特殊的抗冻消融化学材料添加到沥青混合料中替换矿粉等填料用于沥青路面上面层。在冬季气温较低、空气湿度增大的条件下,融雪材料被激活,通过行驶车辆的泵吸、毛细管作用及摩擦不断析出,与降雪接触后形成低冰点液体隔离层来发挥融雪作用,并

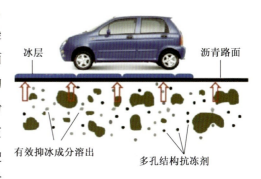

图4-14 自融雪路面技术作用机理

有效阻止冰层与路面之间的黏结。以5%的掺量替换沥青混合料中的矿粉时,可使沥青路面冬季结冰温度降低至-40~-5℃,秋冬过渡期及初春时节,还可防止路面黑冰(暗冰)的形成,为行车安全提供保障。

自融雪路面具有自主消除黑冰、冻凝及冰雪功能,路面还具有抑制冻结效果。这种技术既能有效改善冰雪气候条件下的行车条件,又能减少传统融雪除冰材料对环境和公路结构的腐蚀破坏,延长沥青路面使用寿命,可有效提高冬季雨雪天气行车安全和通行率。

(五)设计采用混凝土无污染防腐处理技术

为减少冬季融雪剂对混凝土的腐蚀,采用混凝土结构表层渗透防护技术对外露防撞墙、边沟混凝土进行无污染型防腐处理,如图4-15所示。混凝土结构表层渗透防护技术使用高性能渗透剂渗透进入混凝土缺陷部位,迅速反应形成稳定的砂浆网状体,嵌入毛细孔,密闭微细裂缝,后涂覆砂浆找平并粘贴玄武岩纤维布补强,最后喷涂高耐候性表面保护漆,形成立体的密闭渗透加固防护体系。

混凝土结构表层渗透防护技术通过高渗透性材料,将混凝土结构的防护从"表面"延伸到"表层",形成对表层混凝土和钢筋的立体防护;通过渗透材料固结后的高强度,实现混凝土结构表层"整体增强";通过高强度纤维布的局部张贴,实现对局部结构性破坏的针对性补强,将混凝土结构的防护从"表面性恢复"提升到"结构性修复";通过高耐候表面保护层防紫外线、防尘、防老化保护,实现长效防护;全体系协同作用,形成立体、密闭、高效、长效的整体防护。

混凝土结构表层渗透防护技术示意图如图 4-16 所示。

图 4-15　防撞墙防腐处理

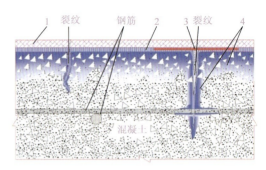

图 4-16　混凝土结构表层渗透防护技术
注：1-氟碳面漆保护层；2-环氧树脂网状结构保护涂层；3-环氧砂胶填缝 + 玄武岩纤维布补强；4-致密环氧树脂聚合物保护层

三　桥梁涵洞设计

（一）桥梁结构与设施优化设计

桥梁的合理设计和材料选择是在降低环境影响和延长桥梁使用寿命时需要考虑的基本特性。综合考虑地形、地质、水文、工程造价等，采用桥隧形式，有效减小对周围环境的破坏，避免开挖大量土地，实现土地资源节约。采用标准化、装配化的上部结构桥型，便于施工时集中预制安装，同时可降低造价，减少资源浪费。同时，通过优化路线纵坡或采用新型桥梁结构，尽量降低桥头填土高度，在增强桥台稳定性的同时也减少了土地占用。此外，对桥梁工程上部结构进行优化（图 4-17），将 6 片梁体优化为 5 片梁体，减少 1547 片 T 梁，达到节省投资、节约资源的目的。

结构的耐久性受结构形式的合理性、受力状况、材料品质、环境条件、施工工艺水平、使用状况、养护条件等因素的影响。为此，在设计时对结构选择、结构受力水平的控制、材料的选择、环境条件等充分重视，使桥梁结构耐久性设计满足《公路工程混凝土结构耐久性设计规范》（JTG/T 3310—2019）的要求，结构所处环境类别按Ⅱ类考虑，全线特大桥、大中桥、涵洞、立交桥梁设计基准期均按 100 年考虑。

结构的受力状况是影响耐久性的重要因素，在结构设计中要严格控制结构应力水平、应力分布情况，控制重点部位（如桥墩与桩基、盖梁的衔接处等），防止结构疲劳，同时加强局部构造措施设计，保证结构耐久性。另外，由于桥面梁体积水对桥梁耐久性影响较大，因此选择加大泄水孔的密度并采用集中排水的方案，并通过桥面加铺防水层等降低积水对结构的侵蚀。

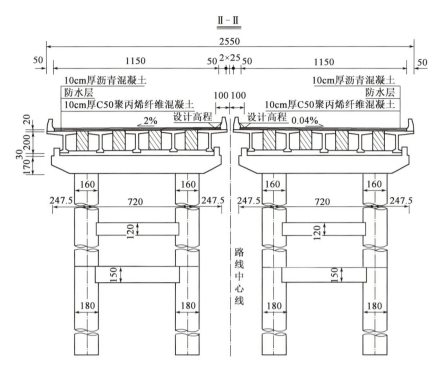

图 4-17　桥梁上部结构优化图（尺寸单位：cm）

为提升桥梁的耐久性，还采取了以下措施。一是增加关键部位钢筋保护层厚度，延缓钢筋被腐蚀时间，保证结构的耐久性。二是防撞墙内侧增设防腐涂层，以防止融雪剂对混凝土的腐蚀。三是加大结构尺寸，提高桥梁耐久性。四是增加普通钢筋用量，提高桥梁抗裂能力。此外，材料品质亦是影响耐久性的重要因素，设计中，梁、墩、盖梁、桩基等重要构件均采用高品质混凝土，要求混凝土具备较高的强度、高密实、高抗渗、高防腐蚀等性能，增强防裂钢筋设置，减少微小裂缝，减小裂缝宽度。

在进行桥梁加宽设计时，将原有的预应力混凝土先简支后连续箱梁拼宽为现浇连续箱梁。新旧桥梁的拼接采用上部构造连接、下部构造不连接的拼接方式，新旧桥台盖梁之间设置 2m 缝，并用沥青麻絮填塞。拼接方案为原桥小箱梁悬臂切除 50cm，并对小箱梁顶板植筋；新建现浇箱梁边线侵入原桥 50cm，待新建现浇箱梁施工完毕，采用预压法消除部分沉降后（预压重量为自重的一半，时间不小于 6 个月），采用 C50 钢纤维补充混凝土浇筑 50cm 拼接缝。具体拼接方案断面示意如图 4-18 所示。为尽量保证新旧桥变形基本协调，除受被交道路影响外，正常路段新旧桥墩中心线保持在同一直线，伸缩缝对齐布置。

沿线桥梁均由路基设计高程控制，完全满足线形要求，桥梁以弯、坡居多，且按折线形布置，全线主要采用圆柱式桥墩、等截面空心墩。桥墩高度在 30m 以下时采用柱式桥墩，桥墩高度大于 30m 时采用等截面空心薄壁墩。全线桥梁桩基均采用钻孔灌注桩，孔径桥高相匹配，桥梁造型与自然景观融为一体，使路线整体流畅、线形美观。

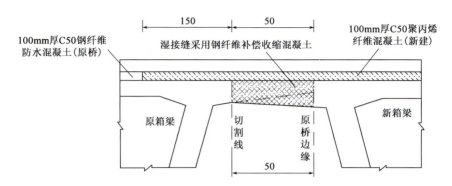

图 4-18　拼接方案断面示意（尺寸单位：cm）

在设计阶段,努力做好现场踏勘工作,确保桥梁跨度、长度不对排水产生影响。桥梁不得占压河沟谷底的宽度,以保护水体水质及保证其泄洪能力,从而减少沿线的水土流失,减少对原有土地的冲刷,降低桥梁建设对自然环境的不利影响。

(二) 钢箱梁标准化设计

为了减少施工对既有高速公路的运营影响,互通枢纽的枢纽匝道桥采用钢箱梁跨越,如图 4-19 所示。同时,为了降低成本,实现资源的节约与集约利用,在规划设计阶段还对钢箱梁进行了标准化设计。

图 4-19　钢箱梁

1. 钢箱梁设计要点

钢箱梁的主梁采用单箱两室全焊钢箱梁,设 3 道纵腹板。桥面设单向横坡,梁按腹板变高度设计,桥面横坡由钢箱梁腹板高度变化形成,底板水平。钢箱梁沿路线分成若干节段制造出厂,在现场吊装后焊接成桥。为保证成桥后主梁线形,两跨均设置预拱度,跨中预拱度采用二次抛物线过渡。其中,钢箱梁梁段的划分考虑了运输及吊装的方便,同时兼顾施工工期并结合施工方案综合确定,全桥共划分为若干个梁段,其中标准梁段长度均为 12m。钢箱梁的腹板及其附近的构件为主要受力构件,腹板所有连接的焊缝均需按设计要求施工,并应采用焊缝金属量少、焊后变形小的坡口形式。要求对焊缝表面进行处理,以减少应力集中。

2. 钢箱梁焊接设计

为保证运营期间钢箱梁的有效性以及桥面铺装的耐久性,顶、底板的纵横焊缝均需熔透,并应采用焊缝金属量少、焊后变形小的坡口形式。为保证正交异性桥面板受力性能,顶板 II

形加劲肋与桥面板间的焊缝应保证熔深不小于 6.5mm,底板 T 形加劲肋与底板间的焊缝应保证熔深不小于 5.0mm。需保证 Ⅱ 形加劲纵肋与顶板间有良好的焊接构造,以确保底板在较大压力下不屈曲。Ⅱ 形加劲纵肋的制作应采用良好工艺,保证各部件焊接牢固,在荷载的作用下共同受力。

3. 钢箱梁防腐设计

在运营期间,钢箱梁各部位所处环境不同,故采取不同的防腐涂装体系。对于除桥面行车道铺装部分以外的所有直接暴露在大气中的钢箱梁外表面(包括悬臂段纵向加劲肋、横肋板),由于直接受到侵蚀,采用重防腐涂装体系,其涂装耐久性要求不小于 20 年。对于钢箱梁内表面,由于该部分处于封闭环境中,根据经验,钢材在湿度低于 50% 的环境中基本不锈蚀,因此其防腐涂装体系可低于钢箱梁的外表面,U 形加劲肋的内侧应在与桥面板和底板焊接前完成涂装。

(三) 桥梁排水绿色设计

作为危险化学品运输事故的重点防范路段,桥梁的环保设计需格外重视。为减少危险化学品运输事故的发生,避免有毒有害物质泄漏对水源地水质造成威胁,根据沿线桥梁具体情况,对各饮用水保护区路段及沿线跨越 Ⅱ 类以上水体的桥梁,设置了桥面径流水收集系统和事故水收集池。桥面径流水收集系统平面与立面示意图如图 4-20 所示。对于位于河谷及水源保护地的桥涵,加强桥涵排水系统的设计,桥梁设置集中收水系统,桥下设置集水池、油水分离池、蒸发池系统,避免桥梁汇水对水体造成污染。

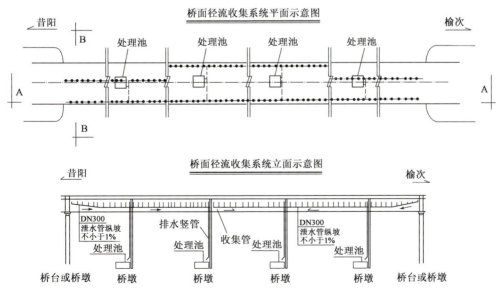

图 4-20　桥面径流收集系统平面与立面示意图

松溪河特大桥采用大跨径桥梁设计方案,有效保护了水体水质并保证其泄洪能力,减少了对原有土地的冲刷及桥梁建设对自然环境的破坏,保护了当地松溪河湿地生态。桥面径流水收集系统和事故水收集池示意图如图 4-21 所示。

图 4-21　桥面径流水收集系统和事故水收集池示意图

四　隧道设计

(一) 隧道洞口绿色设计

隧道洞口施工属于高速公路隧道施工全流程的重点环节,但部分工程的洞口浅埋段地质条件复杂,易引发局部失稳、坍塌等异常状况。作为地下空间的一部分,隧道的环保设计备受关注。在设计隧道洞口时,应遵循安全、耐久、经济、环保等基本原则,尽量实现零开挖进洞,杜绝对山体的大挖大刷,减少对自然环境的破坏,注重洞口绿化,做到与周边环境相协调。高峪咀隧道零开挖进洞如图 4-22 所示。

图 4-22　高峪咀隧道零开挖进洞

太行山隧道是昔榆高速公路自东向西路线中的第一个隧道,为整个隧道景观群的序曲起到开篇提引的作用。太行山隧道洞口的设计灵感来源于太行精神,以仿石浮雕刻画秀美太行山。在隧道洞口配置的植物树种包括碧桃、桧柏球、丁香、国槐等,同时增加夜间效果。浮雕、字体以及顶檐均增加黄色光带,色调柔和,通过新颖的表现手法展示地方文化。太行山隧道进口效果如图4-23所示。

图4-23　太行山隧道进口效果图

此外,昔榆高速公路高峪咀隧道出口的设计灵感来源于"自力更生、艰苦奋斗"的大寨精神。景观设计中以党的旗帜雕塑为中心,搭配植物景观,高低错落,突出主题。洞口景观设计采用的植物主要包括紫叶李、紫叶矮樱、碧桃、榆叶梅、珍珠梅、栾树、桧柏球、胶东卫矛、红叶小檗、金叶女贞等。高峪咀隧道出口效果如图4-24所示。

图4-24　高峪咀隧道出口效果图

对于洞门形式的选用,考虑经济、美观并有利于视线诱导,同时考虑隧址区的人文景观特点、洞口遮光建筑与采光的整体配合。根据隧址区地形地貌,灵活运用隧道构造物,洞门形式采用削竹式、直削式、端墙式洞门,尽可能地将隧道与周围景观自然地连接起来,使其极大程度地融入自然环境之中,既美观又符合功能要求。端墙式洞门设置了两排连接钢筋与明洞衬砌相连,以增加端墙式洞门的抗震稳定性。削竹式洞门的设计图与效果如图4-25、图4-26所示。此外,隧道内电缆槽盖板采用耐腐蚀、阻燃性好、方便检修的聚合物基复合高分子材料,该类型盖板具有无毒、防火、质量轻、环保经济等优点。

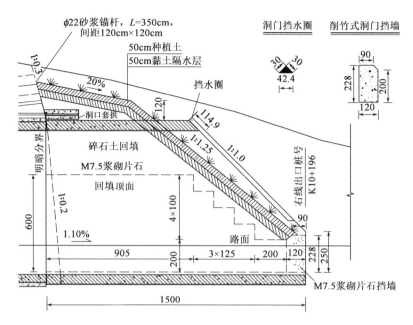

图 4-25　削竹式洞门设计图（尺寸单位：cm）

图 4-26　削竹式洞门展示

(二) 隧道特殊光照设计

颜色视觉在公路交通安全中具有重要意义,因此,需要合理设置特殊灯光带的光颜色。为了在行车过程中直观地提醒驾驶员注意安全、谨慎驾驶,昔榆公司根据色彩带来的心理效应,选用红、黄、蓝、绿四种颜色作为特殊灯光带中的灯光颜色。红色对人的视觉和心理刺激较其他颜色都要强烈;黄色是光谱中明度较高的色彩,主要用于警告之类的标志中,以示危险;蓝色则比较鲜明、清晰;绿色对人的视觉清晰但刺激较小,给人以舒适和柔和感。

此外,为降低行车过程中的驾驶疲劳,依照隧道内景观照明节能、安全、舒适的原则,在太行山特长隧道左右洞各设置 2 处 200m 段的特殊灯光带,灯具采用大点间距直插灯管技术,营造丰富的视觉效果,显示各类图案,如蓝天白云、党旗、枫叶、满天星等,以达到减轻驾乘人员驾乘疲劳感、缓解紧张情绪的效果。特殊灯光带效果如图 4-27 所示。

图 4-27　特殊灯光带效果图

(三) 隧道通风设计

我国高速公路隧道通风系统在保障营运安全方面发挥着极其重要的作用。为保障隧道通风系统正常运转,昔榆公司探索利用自然风和风洞效应,优化特长隧道通风方案,取消或减少斜、竖井数量,在满足隧道通风及防排烟需求的基础上,大幅降低工程造价,同时减少相应运营能耗,体现科技创新、绿色节能理念。此外,还在保护区、生态敏感区设置了地下风机。昔榆高速公路中两座特长隧道——太行山隧道与高峪咀隧道的通风方案如图 4-28、图 4-29 所示。

(四) 隧道排水与防水设计

在隧道排水与防水设计中,将隧道排水体系中的地下水与清洗水、消防水等污水分离,地下水从中心水沟排走,污水从隧道两侧的边沟排走,将水净化处理后排放。路面渗水则通过碎石滤层排入中央排水管引出洞外自然沟谷,以此形成完善的、便于维修的防排水体系。昔榆公司遵循"以堵为主、堵排结合"的原则,增加注浆堵水措施,避让富水区域,减少水资源破坏,同时在设计中考虑污水处治措施,如图 4-30 所示。

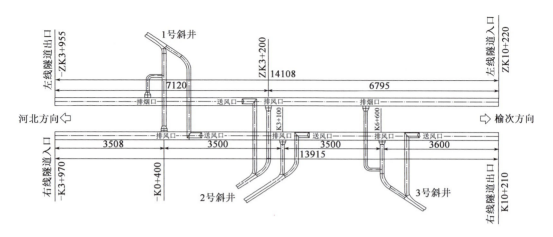

图 4-28　太行山隧道通风方案（尺寸单位：m）

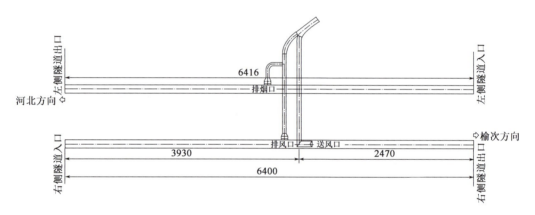

图 4-29　高峪咀隧道优化通风方案（尺寸单位：m）

图 4-30　污水处治措施

在坡口外和基坑内的截排水工作中，开挖开始时就对被刷坡山体的控制点进行观察、监测，实现动态设计、信息化施工，避免出现坡体深层失稳。为防止纵向排水管堵塞，纵向排水管检查井沿隧道纵向每 100m 对称布设，方便定期疏导检查纵向排水管。中心水沟每隔 100m 设 1 个检查井，位置与纵向排水管检查井相对应，在距离隧道洞口 500m 处，采用保温检查井。中心水沟每隔100m设1个沉砂池。隧道排水出口采用保温排水口，保证隧道排水畅通，防止隧道洞口排水被冻封堵，保温排水出口根据地形条件，采用端墙式保温排水出口或掩埋式保温排水出口，地形平缓时尽量采用掩埋式保温排水出口。在电缆槽靠路面一侧设尺寸为5cm×10cm的电缆槽泄水沟，再通过φ100排水管与横向导水管相接，将电缆槽内的水排出，同时入口处设置滤网防止堵塞。

由于项目区所在的位置冬季冰冻春季消融，导致洞口二次衬砌渗透水结冰冻胀，进而发生二次衬砌病害和渗漏水病害，影响隧道运营安全。因此，昔榆公司在隧道洞口段200m施作二次衬砌采用防水混凝土结构，提升隧道的耐久性和综合寿命。

五 机电设计

（一）发光二极管（LED）无级调光控制系统

高速公路隧道内照明情况关乎过往车辆的行驶安全，因此高速公路隧道在设计之初都采用大功率的照明灯，并以24h常亮的运行方式保障过往车辆的安全，这造成了电能的大量浪费。昔榆高速公路隧道拟选用LED无级调光控制系统，在智能调整隧道内照明使其适应洞外亮度环境的同时，有效降低电能的消耗，更好地达到节能的目的，如图4-31、图4-32所示。此外，环保型玻璃沥青混凝土的应用，能显著提升隧道内路面的明亮程度和反光效果，降低交通事故发生率，还能减少隧道内照明设施的使用。

图4-31　隧道内照明用LED灯　　　图4-32　LED无级调光控制系统

（二）智能照明控制系统

智能照明控制系统是利用先进电磁调压设备，并集成时控技术、光控技术、遥感技术的一种新型控制系统。该系统以公共照明智能控制云台为平台，对供电进行实时监控与跟踪，自动平滑地调节电路的电压和电流幅度，改善照明电路中不平衡负荷所带来的额外功耗，提高功率因数，降低灯具和线路的工作温度，达到优化供电的目的。

时控技术是利用界面时钟管理器，实现整个系统有关区域照明的定时和自动管理功能，实现公共通道等场所的定时、分时控制。其可保证工作日、节假日按不同的时间自动通、断电,满足照明和节能要求,确保在低峰期内的能源消耗最小。光控技术可以对光照度进行监测,根据天气情况和自然光照度变化,进行路灯的自动开关、照明控制和调节。运用遥感技术控制路灯的作息时间,根据天气变化、路面车辆变化、人流量变化等情况,系统可以智能地调节光照的强度以及实现远程控制。

昔榆高速公路的照明控制采用光照度控制结合时控、遥感控制的集中控制方式,在确保路灯照明质量不变的前提下减少路灯数量,达到节能减排的目的,并提高路灯节能管理工作的科学性和合理性。同时,也可对用电设备进行分区、分线路管理或单独管理。智能照明控制系统通过各种不同的"预设置"控制方式和控制组件,对不同时间与不同环境的光照度进行精确设置和合理管理,实现节能、延长使用寿命、降低成本的目的。

(三)智能化电伴热远程控制技术

昔榆高速公路太行山隧道全长 14.02km,是全线最长隧道。该隧道位于太行山腹地,冬季气温较低,隧道口等部位的风速也比较大,其内部温度实际比环境温度还要低,易导致隧道内的消防管道出现冻结,需要安装保温设施以保证消防设备在冬季时可正常使用。基于此,昔榆公司采用智能化电伴热远程控制技术来解决上述难题。

在两根平行的导电铜母线之间,分布着起加热作用的半导体聚合物发热芯,其外部由高分子绝缘护套、镀锡铜丝编织屏蔽网和耐腐蚀的含氟高分子外护套构成,以上共同组成电伴热带。电伴热带结构原理如图 4-33 所示。

图 4-33　电伴热带结构原理

昔榆公司采用隧道消防智能化电伴热远程控制技术,有效实现了隧道的防冻保温,通过补充管道热量,实现管道防冻保温目的,使管道环境温度维持在 0℃以上。

(四)消防管道防漏安全监测预警技术

目前,山西省内公路隧道消防管道多采用电伴热系统实现防冻保温,但主要靠人工方式巡查,工作效率较低。当电伴热系统出现异常,加热电缆不工作或电伴热系统自带的温度检测失灵时,无法正常通过加热系统对消防管道进行防冻处理,且隧道管理站无法及时发现电伴热系统异常的问题。昔榆公司运用消防管道防漏安全监测预警技术替代传统的消防管道人工巡检,远程自动监测管道温湿度及漏水信息,对低温和渗水自动预警,对冰冻点和漏水点自动报警,并可自动记录、实时查询点位温湿度及漏水信息。同时,系统报警信息可引导工作人员快速到达故障点进行抢修,大幅提升抢修效率,降低资源浪费和发生二次事故的风险。

(五)隧道用电监管数字化系统

传统供配电系统存在变电所分布不均且距离较远、设备故障后上报不及时且维修效率低、维护维修状态无法实时监控并跟踪,以及缺乏统一的监管平台准确掌握设施运行状况等问题。为保障高速公路供配电系统的稳定运行,并减少维护人员的工作量,昔榆公司开发了智慧用电安全监控管理平台,对配电房内的变压器、开关柜电气参数等进行监控。当监测到异常情况发生影响设备正常运行时,该平台可自动预警并进行紧急控制。该系统利用数字化技术,实现了隧道用电的实时控制、监测预警与节能。

(六)箱泵一体化消防加压泵站

传统混凝土泵站在长时间的使用后,存在混凝土池壁容易腐蚀渗漏、泵坑杂质沉积导致毒性恶臭气体挥发等自身难以克服的缺点,污染环境,并带来安全隐患。同时,消防泵长期在恶劣环境下工作,磨损和故障率增加,寿命缩短。因此,昔榆公司选用箱泵一体化消防加压泵站,在解决上述问题的同时积极落实绿色节能理念。

箱泵一体化消防加压泵站的预制筒体竖立式埋入地下,能大幅度抵御撕裂、腐蚀及其他破坏力。由于该泵站高度集成化,泵体土建工程为传统混凝土泵站的1/10,总造价只有传统混凝土泵站的1/2;采用智能型全自动控制,水体排放根据储水量大小进行高效自动调节,无须人工值班操作;预制筒体采用密封装置,整体埋于地下深处,无异味溢出。箱泵一体化消防加压泵站如图4-34、图4-35所示。

图4-34 箱泵一体化消防加压泵站(室内)

图4-35 箱泵一体化消防加压泵站(室外)

(七)钢丝网骨架塑料复合管

钢丝网骨架塑料复合管以高强度钢丝左右螺旋缠绕成型的网状骨架为增强体,以高密度聚乙烯(HDPE)为基体,并通过高性能黏结树脂层将钢丝网骨架与内外高密度聚乙烯紧密连接在一起,如图4-36所示。钢丝网骨架塑料复合管具有密度小、抗腐蚀性好、使用寿命长等优点,在塑料管道市场中占据越来越重要的地位。昔榆公司在消防用水输送中广泛使用钢丝网骨架塑料复合管,确保消防用水的安全和畅通。

图 4-36　钢丝网骨架塑料复合管

(八)硅芯管和微管混合管道

硅芯管和微管混合管道具有其他同类塑料管道不可比拟的优越的化学和物理特性。在昔榆高速公路通信和光缆干线的基础设施建设中,一次性埋入硅芯管和微管混合管道(图4-37),其穿缆工作不再受时间和条件的限制。在电信网升级、增容或更换缆线时,不再需要动用大量人力物力挖掘,只需从管道中抽出原缆线,再穿入新缆线即可。

图 4-37　硅芯管和微管混合管道

六 交安设计

(一) 波形梁护栏预镀锌铝镁合金防腐

为提高公路建设质量,加快新产品、新技术推广,选用预镀锌铝镁合金护栏。板材主要采用连续热浸镀工艺生产,即把成卷的钢板连续浸在熔解有多元合金的镀槽中制成预镀锌铝镁合金板,然后通过后期加工将板材做成所需要的护栏产品。预镀锌铝镁合金护栏的运用,大幅提高了护栏的耐腐蚀性、抗磨性等,而且机械加工性能优异、绿色环保。预镀锌铝镁合金波形梁护栏如图4-38所示。

图4-38　预镀锌铝镁合金波形梁护栏

(二) 节能环保材料制作施工彩色防滑路面、振动标线

彩色防滑路面是在原有路面结构上铺设耐磨耗、高磨光值的集料,在路面表层形成有一定构造深度、使轮胎和路面的接触点发生改变,从而大大提高道路表面摩擦系数的路面。振动标线则是在公路路面设置的点形或条形标线,以警示和提醒驾驶员。为用颜色区分通行路线及通行方式、提醒来往车辆、提高交通管理效率并实现节能效果,昔榆公司运用节能环保材料制作彩色防滑路面及振动标线,并将之用于隧道入口处,如图4-39所示。

图4-39　隧道入口处的彩色防滑路面

(三)聚能发光轮廓标和反光环

在交安设施建设过程中,长大隧道区段出现交通事故的概率相对较大,客观原因主要为隧道进出口明暗交界变换、隧道内照明不足、长时间路况单一行驶引起视觉疲劳和隧道路面抗滑性能差等。因此,昔榆公司在隧道内设置发光轮廓标和反光环,清晰隧道边界轮廓,增加隧道辨识度,对驾驶员起到警示和导向作用,并可有效减缓视觉及精神疲劳。聚能发光轮廓标和反光环配合 LED 照明灯有效提供隧道内照明条件,降低照明用电量,提升行车舒适性。同时,也提高了隧道内的美观性,带给驾驶员仿佛进入"时光隧道"的感觉。聚能发光轮廓标和反光环如图 4-40 所示。

图 4-40　聚能发光轮廓标和反光环

(四)隔离栅底座预制

图 4-41　隔离栅底座混凝土预制

昔榆公司在预制场地直接开展隔离栅基础预制施工工作,预制场地在实际运行过程中扮演的是设备行走作业支撑面及基础底模两个角色。昔榆公司选取地面平整度比较高,并且交通比较畅通的场所充当预制场地,采用机械设备和人力相互配合的方法对场地中的杂物进行清理并将场地压实整平,保证场地上没有发生任何起皮、波浪以及翻浆等问题,预制场地的平整度控制在 2cm 之内。隔离栅底座(图 4-41)采用预制混凝土,工厂化加工,降低环境污染。

七　环境保护设计

(一)声环境设计

随着交通量的逐年增加,车辆噪声对高速公路沿线现有的声环境有较大影响,对一些分布规模较大、人口较多的居住区等敏感点影响更为严重。为消除或减缓公路运营期对沿线声环境敏感点产生的噪声危害,对于距离公路很近、噪声超标严重且集中居住的村庄敏感点,在设计阶段重点针对沿线民房等声环境敏感区进行噪声预测及分析,并将设置有声屏障作为主要措施。全线共有 7 处声环境敏感点需要治理,共设置声屏障 2012m,其中,路基段声屏障共设置 420m,桥梁段声屏障共设置 1592m。

(二)水土保持设计

重点加强沿线取、弃土场水土保持设计,对各取、弃土场实施绿化防护措施。边坡扦插紫穗槐 6 株/m²,填平区域种植毛白杨,株距为 4m×4m。同时,昔榆公司充分利用原有道路,将现有乡村道路作为临时道路,并根据交通需要,对该乡村道路进行修整、加宽、加固,并设置必要的交通标志。此外,将新建的便道和沿线群众的出行耕作相结合,施工结束后可将其作为农用便道。临时便道如图 4-42 所示。对于预制场、拌和场、搅拌站、材料堆放场等临时用地,在设计时均尽量少占耕地,尽可能布设在公路用地范围以内,如收费站、服务区和停车区等。

图 4-42 临时便道设计

(三)绿色低碳植物选择

昔榆公司以"车在路中行,人在景中走"为目标,通过融合与营造自然景观,以恢复与顺应自然为原则,构建复合植被绿化层次,打造路、桥、林、人文、景观和谐统一的风景绿色廊道,彰显山西交控集团、山西路桥集团助力绿色山西发展的企业形象。

通过绿色低碳植物的选择,可以更好地增强配置植物的碳汇能力。碳汇是指通过植树造林、森林管理、植被恢复等措施,利用植物光合作用吸收大气中的二氧化碳,并将其固定在植被和土壤中,从而减少温室气体在大气中浓度的过程、活动或机制。碳汇功能则是指生态系统对大气中二氧化碳的吸收并长期储存的能力。因此,为实现昔榆高速公路沿线绿地的碳汇功能,必须合理种植、补植、养护,避免碳释放过快。在进行绿化植物组配布置时,不仅需考虑绿化植物的生态特征,也需与各功能分区的需求相结合。根据公路各个功能区的特点,提出基于生态景观需求的主要绿化植物组合模式,见表 4-1。

低碳生态绿化植物组合模式　　　　　　　　　　　表 4-1

功能区	综合因素		
	交通服务要求	生态要求	景观要求
主辅路分隔带及贯通车道	阻隔遮挡	吸声、吸尘	常绿乔木为主,树冠丰满
停车场绿化带	隔离、分支点满足行车要求	遮阴、吸尘	常绿乔木为主,树形挺拔
综合楼周边广场	美观、服务	遮阴、植物对人体无害、根系不影响使用功能	树形优美、有香气、适宜人驻足
加油站周边	绿化覆盖	根系不影响使用功能	绿化点缀
休闲观景区	观景、休闲	遮阴、植物对人体无害	树形优美、有香气、适宜人驻足、对人体无害

对于昔榆高速公路的绿化植物设计,要合理配置植物,即植物的选择要适地适树,恢复地带性植被建设(即运用乡土植物),同时也要考虑植物的多样性,增加植物群落的稳定性,增加绿化量。为此,在绿化物种选择上,选用乡土树种与景观树种搭配的形式,选择柠条、紫穗槐、云杉、油松、河南桧、紫丁香等作为昔榆高速公路沿线的景观绿化植物(图 4-43),并采用立体美化的方式,使景观更加融入自然,突出景观效果。另外,在常绿乔木中,选择桧柏、油松等,在落叶乔木中,选择白蜡、法桐、五角枫等,对于造型组图植物,则选择金叶榆篱、胶东卫矛篱等。

图 4-43　昔榆公司对绿色低碳植物的选择

八 景观设计

(一) 边坡设计

在边坡设计时,选用规则式的种植手法,采取中轴对称、行列等距形式种植。规则式种植手法具有干净、整齐、美观的特点,并表现出严谨、庄重和人为控制下的几何图案美,如图4-44所示。同时,具有明显的空间序列感,能够舒缓驾驶员的行车视觉疲劳,也更方便养护管理。

图4-44 边坡规则式种植手法

边坡设计时,采用季相色,即红色/黄色/紫色+绿色。具体而言,采用紫叶矮樱(9株/m²)、百里香(16株/m²)、金叶榆(16株/m²)、叉子圆柏(9株/m²)等植物进行边坡彩化,如图4-45所示。

a) 紫叶矮樱　　　　　　　　　b) 百里香

c) 金叶榆　　　　　　　　　　d) 叉子圆柏

图4-45 边坡彩化

(二)护坡道设计

在沿线填方高度≤4m路段,选用常绿乔木油松、开花灌木连翘搭配种植;在沿线填方高度>4m路段,选用落叶乔木漳河柳或毛白杨种植,如图4-46所示。

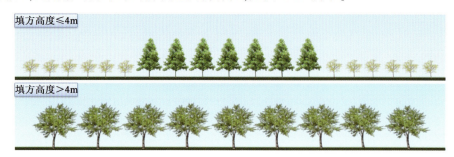

图4-46 护坡道设计

(三)碎落台设计

碎落台是公路景观最佳呈现点,视线效果好。在昔榆高速公路上,碎落台设计有两种方案,一是以黄色系为主,采用常绿乔木河南桧、开花灌木黄刺玫、彩色叶灌木金叶榆球搭配种植;二是以紫红色系为主,采用常绿乔木河南桧、落叶小乔木紫叶矮樱、开花灌木紫丁香搭配种植,如图4-47所示。

a)黄色系效果图

b)紫红色系效果图

图4-47 碎落台设计图

(四)互通区设计

互通绿化设计采用自然式手法,营造丛林式景观,设计有层次感,内侧采用中高树乔木,外侧和边缘采用大中型灌木。乔木、灌木搭配种植,利用空间层次感,使其更加接近自然。选用当地乡土树种,提高植物成活率。以自然式手法设计互通区绿化景观,既可以提升绿量,增加单位面积内植株的碳汇能力,改善生态和人居环境,还可以降低造价,提高成活率,加快成林速度。

在昔榆高速公路长凝互通的景观设计中,采用生态群落组团配置形式,常绿树与落叶树相结合,慢生树与速生树相结合,乔木与灌木、草相组合,乔木数量适当增加,减少草坪数量,降低养护成本。长凝互通景观设计如图4-48所示。

图4-48　长凝互通景观设计

昔榆高速公路修文枢纽所在地形较为平坦,靠近城市,在设计时根据车辆行驶方向和视线配置植物,以彩色叶乔木金叶榆、元宝枫与落叶乔木新疆杨、栾树、垂柳搭配作为主题树种群,依次向外搭配常绿乔木、彩叶小乔木、开花灌木,形成高低错落、疏密有致的层次景观。

(五)路侧填平段景观设计

在路侧填平段进行绿化设计,根据车行方向及视线角度,采用自然植被的群落式配置,树种选择上由低到高,高低错落,营造更加丰富的植物景观。路侧填平段景观设计如图4-49、图4-50所示。

图4-49　路侧填平段景观设计一

图 4-50　路侧填平段景观设计二

（六）场区设计

对于服务区，主要设计思路是在传统园林艺术基础上，结合现代园林表现手法，并以石、景观小品及植物造景点缀而成，达到观赏、休闲、提高环境质量的目的，充分体现服务区管理的人性化设计理念。绿化布置采用乔灌草结合、常绿落叶结合配置。服务区沿主线一侧考虑到驾驶员的视线要求和乘客的观景要求，绿化以种植观赏性较强的树木为主，从整体上营造浓郁的绿化气氛。同时，通过群植将易养护的开花、彩叶植物融入场地，形成多层次的彩叶廊道景观，着重打造春秋胜景，从而形成三季有花、四季常绿、花灌乔木、疏密相间的植物景观效果。榆次东服务区设计效果如图 4-51 所示。

图 4-51　榆次东服务区设计效果图

对于管理中心，主要突出人性化的设计理念，以满足管理人员工作、休憩为设计重点，同时考虑使用功能。在设计时，以自然式园林组团搭配为主，做到乔灌木与地被、景石、景观小品的有机结合。同时，防护绿地主要使用植物，使整个场区围合成自然屏障，保证管理人员安全。缓冲区绿地主要以灌木为主，保证视线通透，方便管理。预留绿地主要以经济类观赏性植物为主，增加趣味性。修文管理中心设计效果如图 4-52 所示。

图 4-52　修文管理中心设计效果图

九、人文旅游功能设计

(一) 挡墙景观

景观挡墙位于昔阳东服务区右场区。以"弘扬大寨精神、建设社会主义新农村"为设计主题,通过二十四节气连环画的形式体现春生、夏长、秋收、冬藏,表达"自力更生、艰苦奋斗"的精神。同时,以红色文化为载体,通过不同形式的图案展现伟大建党精神,激励人民不懈奋斗,如图 4-53 所示。

图 4-53　红色文化挡墙景观

(二) 雕塑景观

昔榆公司依托公路沿线的人文资源,以文化宣传为目标,设计了以"晋商称雄、汇通天下""飞跃龙城、俯瞰晋商""经营有法有道、交往以信以诚"为主题的雕塑景观。具体而言,"晋商称雄、汇通天下"雕塑的设计灵感来源于晋商"货通天下、汇通天下"的辉煌历史,弘扬和衷共济的晋商精神,传承经世济民的文化精髓;"飞跃龙城、俯瞰晋商"雕塑的设计灵感来源于省会太原与榆次同城化建设;"经营有法有道、交往以信以诚"雕塑的设计灵感来源于晋商诚信为本、仁厚待人、以和为贵的处世哲学。榆次东服务区雕塑景观如图4-54所示。

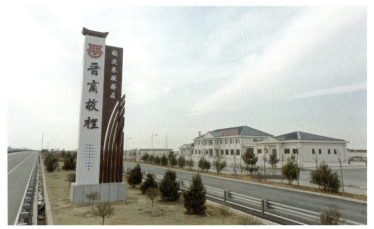

图4-54　榆次东服务区雕塑景观

第三节　绿色设计成效

生态环保设计成效

(一) 自然生态协调化

昔榆公司坚持"不破坏就是最大的保护"原则,认真做好路基、桥梁及隧道的设计,力求最大程度地保护公路沿线原始地形地貌,把公路建设对生态、水环境、声环境的不利影响降至最低,最大程度保护、恢复沿线生态环境,使公路融入自然之中。对于一般的周边环境,昔榆公司提出应该尽量减少土地使用量,并且降低开挖量,尽量不破坏自然环境和原始地貌。如果施工中不得不破坏周边的自然环境,要求在项目建设结束后根据当地的自然环境进行恢复,使项目景观与周边生态环境一致,以实现公路与周边环境的协调统一。

(二) 地域特色鲜明化

昔榆公司选用当地植物进行景观绿化,坚持"多借景、少造景"的原则,尽可能使项目景观与周边生态环境一致,突出地方特色,便于项目运营期的管养。对于工程中存在的人文景观,予以保留,并考虑将其开发成旅游景点,从而实现交通与经济的共同发展,也能够更好地消除公路工程施工对人文景观造成的影响。此外,移栽沿线原生树,借此保护当地的稀有树种与地表植被,通过保留当地鲜明的地域特色,因地制宜地将路域优质景观资源纳入路内供公众感受和体验,并将其用于景观绿化工程,实现绿色公路与环境敏感区域、生态脆弱区域、生态红线"近而不进"。此举既是当地特色的延续,也是旅游资源的原生态呈现,从根本上维持了生态环境的平衡。

(三) 生物物种多样化

对自然保护区、烈士陵园等敏感区进行专项设计,减少对国家级保护动物的干扰。针对铁桥山省级自然保护区内有国家一级保护动物华北豹这一现状,昔榆公司要求部分石方挖方段落由爆破开挖转为扰动范围小、影响程度低的机械破碎锤开挖,尊重物种多样性,减少人类作业对动物栖息地的影响。同时,昔榆公司也要求禁止破坏红线范围外的植被、农田等自然生态,无法避免必定会造成破坏的,要及时修复;对于占用荒地的,要采用灌草结合的形式进行植被恢复;对于占用耕地的,需平整覆土达到复耕条件。

二 资源生态设计成效

(一) 集中程度高

昔榆公司以全寿命周期理念为引导,以红线内土地为控制范围,对土地进行综合利用,在满足基本要求的前提下优先考虑占地问题,实现利益最大化。昔榆公司在设计中强调挖掘土地资源的利用潜力,实现土地利用的最大效用,通过对路基、桥梁、隧道、临时便道及弃土场进行合理规划,有效减少土地资源浪费,并集约利用土地,进而获得更高的经济、社会、环境效益。

(二) 施工浪费少

昔榆公司从设计阶段便对资源进行合理规划,使施工按照设计严格执行,避免施工阶段产生过多的资源浪费。在公路设计中,昔榆公司高度重视并充分发挥已建成基础设施的效能,避免重复建设或工程衔接不合理造成的资源浪费;充分考虑和利用现有的线位资源和岸线资源,尽可能利用老路建设和改造,严格落实耕地保护制度,最大限度减少浪费,尊重和保护自然环境。

在桥梁设计优化时,顺应地形,优化土石方调配,消化弃方约150万 m^3。充分利用主线资源建设预制梁场,全线红线内共建17座梁场,节约临时用地约29.3万 m^2。弃土场进行专项设计,最大限度节约土地和保护耕地。

三 以人为本设计成效

(一) 人性化服务

"以人为本"在高速公路服务区规划设计工作中体现为彻底改变传统的"建设即为发展"

观念,始终坚持设计的核心理念是为用户提供更加优质的服务,进一步促进社会的长足发展。昔榆公司将以人为本理念作为服务区设计的根本目标,在细节设计处体现人文关怀,强调人性化服务,做好舒适性和安全性的协调统一,真正为人们出行提供便利,建设服务功能多元化的高速公路服务区。在昔榆高速公路以及沿线路网形成初期,对高速公路工程及当地的传统文化、经济发展现状、物流以及旅游业等进行综合分析,总结当前人们的生活方式、出行目的和消费特点等,创设新型服务区,实现经济流和物流的有效契合。

(二)开放式服务

服务区设计积极与社会接轨,适当扩展经营空间,在对交通干道进行充分考虑的基础上,不断创新和改变传统的封闭经营管理模式,融入开放式的服务项目。高速公路项目服务的对象就是人。因此,在设计要素布局和控制的过程中,将人的意愿作为核心,落实相关设计方案和设计内容,保证在设计环节充分践行以人为本的理念,满足生态保护工作的基本要求,融合绿色理念和建设规范,打造更加科学合理的设计方案。

为此,设计人员以满足交通安全功能为前提,更加充分地实现绿色理念和高速公路景观设计的融合处理,并充分尊重各个阶段设计的人性化设计要素,即在景观营造设计过程中,充分利用景观诱导视线、防眩、减轻视觉疲劳、提示等功能,提升行车安全性与舒适度。例如,在路基填方较高的段落,采用大间距种植高度适中的乔灌木设计方案,起到视线诱导及心理防护作用;中央分隔带的绿化冠形整齐,以形成明显的节奏感和韵律感;每隔一定距离增加一些跳跃性的色彩,使局部色彩丰富,以调节驾驶员的视线,避免视觉疲劳。

四 文旅交融设计成效

(一)文化传承

在进行景观设计时,充分考虑公路沿线的历史、文化、自然、休闲等内在品质,通过内在品质的展现,带给驾乘人员独特的体验。同时,这些内在品质与周围的环境一起构成景观走廊,给道路注入带动沿线经济社会发展的可持续生命力。让昔榆高速公路与沿线的风景及文化景观融合,体现了昔榆高速公路沿线的地方历史脉络和人文变迁,从而实现文化传承和旅游发展的双重价值。

(二)快进慢游

贯彻落实"快进慢游"理念,将旅游和交通一并纳入规划,而非仅仅是旅游公路交通运输功能的提升和旅游公路本身景观的打造,这使得昔榆高速公路具备让旅游者和公路使用者在公路沿线区域停留和游憩的丰富功能和作用。

五 景观提升设计成效

(一) 多层次、多色彩、高品位

按照"一条道路、两道风景、三季有花、四季常绿"的要求,因地制宜开展昔榆高速公路绿化景观建设工作。通过停车区、观景台、休息区、隧道洞门、挡墙、护面墙等载体,充分展示沿线自然景观、民风民俗、历史文化和行业文化,打造多层次、多色彩、高品位的公路绿化景观。

(二) 本土化、混栽化、结合化

在项目设计中应用绿色理念,从全局出发,保持设计要素和环保模式的平衡,打造出更加完整的交互体系。在设计过程中,保证技术内容、设计要素等都能贴合生态环境需求,并充分体现地方特色。此外,昔榆公司合理选择草本植被,结合地域情况和具体要求,秉持适地应用原则,保证植被的种植工作和植被种类的选择处理效果满足综合设计标准,即以本土化植物为主,在不破坏原有植被的前提下,采用草灌混栽、乔灌草结合的方式进行绿化。同时,为景观设计匹配相应的防护处理设计内容,避免名贵植被破坏或是环境管理不当导致后续养护成本增加。

第五章
CHAPTER 05

绿色施工

第一节　绿色施工概述

一　绿色施工内涵

绿色施工是指在工程施工中,在保证质量、安全等基本要求的前提下,倡导资源节约、环境保护理念,并根据施工的实际情况,采取相应的措施。通过科学管理和技术创新,最大程度地节约资源与减少工程施工对环境的负面影响,进而达到提高工程建设质量和效益的目的。

二　绿色施工特点

(一) 精细化施工管理

绿色施工不仅仅是施工技术的优化和改进,更是一种新的施工发展模式。绿色施工更加注重提高管理的精细化、技术的创新成效以及可持续发展。在项目的绿色施工过程中,施工人员不仅要注重施工质量,更要兼顾项目施工对周边生态环境、资源以及居民的影响。

(二) 系统性施工建造

系统性施工阶段是项目实施的一个过程,项目全寿命周期内的活动还需要设计方、建设方、监理方、政府等各利益相关方的参与配合。绿色施工的理念需要贯穿项目的决策设计到竣工验收,以及投入运营的全寿命周期。各参与方需要相互协作和认可,积极推动绿色施工的实施。

(三) 信息化施工配置

绿色施工依托于信息化的建设,以实现降低成本、缩短工期的目标。通过 BIM 技术、智慧工地平台、施工安全监控系统等信息技术的应用,实现模拟施工与数字监控,进而及时发现工程施工中的问题。在此基础上进行方案优化,并合理规划资源和人员配置,实现施工中的环境保护和资源节约。

(四) 可持续施工优化

可持续发展性绿色施工是以资源的高效利用为核心,建立的一种可持续发展的、建造方法不断提升的建造过程。建造过程中,不断优化设计和施工方案,减少建筑垃圾的产生,加强材料的循环利用,从而使得生态环境质量得到有效保证。

 绿色施工原则

(一)尊重基地环境,减少施工干扰

场地平整、土方开挖、施工用水、永久及临时设施建造、场地废物处理等会对场地上现存的动植物资源、地形地貌、地下水位等产生影响,还会对场地内现存的遗迹、地方特色资源等造成破坏,影响当地文脉的继承和发扬。因此,施工过程中要减少对场地的干扰,尊重基地环境。

(二)注重环境品质,减少施工污染

施工过程中产生的大量灰尘、噪声、有毒有害气体、废物等对周边环境会有较大的负面影响。因此,绿色施工应将环境保护作为基本要求,确保将施工过程中产生的粉尘、固体废弃物、噪声、强光等污染物控制在规定范围内,从而减少环境污染,提高环境品质。

(三)结合气候气象,安排施工计划

在选择施工方法和施工机械、安排施工顺序、布置施工场地时,施工人员应结合气候特征。最基本的是要了解现场所在地区的气象资料及特征,格外关注降雨量等外在因素,旨在减少因为气候原因而带来的施工措施。

(四)关注可持续发展,节约集约利用资源能源

资源的可持续性是人类可持续发展的重要保障。相较于传统粗放式的生产方式,绿色施工提倡资源的高效利用,即在确保工程质量的基础上,使用并推广能够提高资源和材料利用效率、增加材料回收利用的创新手段,实现资源与能源的节约集约利用。

第二节 绿色施工技术与措施

昔榆公司紧紧围绕绿色发展理念,联合科研单位、院校,通过技术研发和创新,收获了多项值得推广的技术成果,全面用于指导绿色公路创建,起到了积极的示范作用。具体包括自行研发和推广应用项目300余项,取得省级施工工法13项,已获得国家专利7项,4项已申报受理,申报课题12项,申报地方标准3项,发表科技论文10余篇。

立足昔榆高速公路工程建设实际,在固废利用、低碳环保、标准施工、优质耐久四个方面,累计开展了12项科研课题研究(表5-1),对现场施工起到积极指导作用。

开展科研课题列表　　　　表 5-1

序号	科研课题名称	序号	科研课题名称
1	黄土地区预制装配式通道涵洞关键技术研究	7	玄武岩纤维、网、筋等材料对公路工程性能提升的应用研究
2	砂岩类弃渣在公路工程中的资源化利用研究	8	超特长公路隧道智能绿色通风及防灾救援技术研究
3	高速公路施工安全标准体系研究	9	复杂地质环境下修建超长高速公路隧道安全保障技术研究
4	山西省太行山区高速公路低碳植物配置及栽培技术研究	10	基于微环境改良的昔榆高速公路石质边坡生态恢复关键技术研究
5	装配式钢筋混凝土箱涵设计方法与工程应用研究	11	高性能复合掺和料工业化试生产及应用研究
6	钢渣耐磨沥青混凝土的研究与应用	12	隧道岩石超欠挖精细化控制技术研究

一 路基绿色施工

路基绿色施工主要包括填土加固、边坡防护及固废利用等工作,旨在为道路提供稳定的基础支撑。在固废资源化利用方面,以公路弃渣综合应用为主线,全面推动灰(砂)岩自采加工,以工业固废循环利用为突破,不断拓展再生材料使用范围,以科技创新理念为驱动,逐步建立固废利用标准化体系。灰岩自加工碎石主要用于路基、桥梁、隧道工程高强度等级混凝土,路面工程基层及底基层;砂岩自加工碎石主要用于临建工程场站建设及施工便道,路基工程 C30 以下低强度等级混凝土挡土墙等附属工程、路床处理,路面工程底基层,桥涵工程台背回填,交安工程中央分隔带护栏等。同时,探索砂岩、工业固废[循环流化床粉煤灰及炉渣(CFB 灰渣)、生态水泥、粉煤灰、矿粉、钢渣等]在低强度等级混凝土、路床处理、台背回填、采空区处理、水稳底基层中的应用。

在边坡绿化打造上,在确保路基边坡安全稳定的情况下,因地制宜、因路制宜,积极探索"软硬"结合的多样性防护形式,坚持带绿施工,最大限度地恢复生态、增加绿化面积。选用适宜山区的耐寒、耐旱低碳植物,开展"山西省太行山区高速公路低碳植物配置及栽培技术研究"科研课题研究。探索植物纤维毯植草防护、石质边坡植物微生态修复、土工格室培土植草防护、红黏土地质下生态修复。

昔榆高速公路项目途经晋中地区,沿线周边基础工业主要有钢铁厂、发电厂、煤矿等,产生的工业固废有煤矸石、粉煤灰、钢渣、CFB 灰渣等。因此,昔榆公司成立固废利用领导小组,对固废利用目标进行分解且签订目标责任书,明确相关责任人,在固废利用过程中进行督查管理。固废利用总体目标为 528.12 万 t,其中道路弃渣完成 491.18 万 t(灰岩加工碎石 265.81 万 t、片石 5.39 万 t;砂岩加工碎石 209.22 万 t、片石 10.76 万 t)、工业固废完成 36.94 万 t(CFB 灰渣利用 14.88 万 t、生态水泥利用 3.66 万 t、粉煤灰利用 18.4 万 t)。固废材料利用范围包含但不限于台背回填、路床处理、混凝土工程、路面底基层、采空区注浆等。昔榆高速公路工业固废、道路弃渣目标任务以及路基绿色施工微创新技术汇总见表 5-2～表 5-4。

昔榆高速公路工业固废目标任务 表 5-2

工业固废总目标(万 t)			总计(万 t)
CFB 灰渣	生态水泥	粉煤灰	
14.88	3.66	18.40	36.94

昔榆高速公路道路弃渣目标任务 表 5-3

道路弃渣加工总量(万 t)				总计(万 t)
灰岩碎石	灰岩片石	砂岩碎石	砂岩片石	
265.81	5.39	209.22	10.76	491.18

昔榆高速公路路基绿色施工微创新技术汇总表 表 5-4

序号	路基绿色施工技术	项目用途	预计实施效果
1	挖机平板微改进(加装平板斗齿)	解决齿痕位置的植被垫不易密贴坡面,形成空隙,植被成活率低等问题	简单实用,有效消除坡面齿痕,提高坡面平整度,提高植被垫成活率
2	喷锚工艺技术	增强边坡岩石层抗形变能力,进而提高路堑边坡稳定性	提高施工人员对路堑边坡施工的重视程度,减少施工中出现的路堑边坡坍塌或下滑等问题,降低公路工程施工的难度
3	整型施工技术	改善道路的平整度、强度和排水性能,提高道路的使用寿命和行车安全性	有效分散车辆荷载,减少路基的沉降和变形,延长道路的使用寿命,迅速排除道路上的雨水,有效降低路面损坏和车辆打滑的风险
4	柔性基层技术	选用沥青上面层、中面层、柔性基层改善路基病害问题和预防路基裂缝,减少公路维修次数	有效提高道路的强度和稳定性,改善路面的排水性能,延长道路的使用寿命,降低施工成本
5	边沟滑模施工技术	利用电子控制液压边沟滑膜摊铺机开展滑模摊铺施工工作,保护路面,提高公路的整体性	提高摊铺工作效率,保证操作面线形的流畅性,极大程度节省施工材料,保证公路施工经济效益,实现工程造价管理

传统边坡绿化防护形式包括喷混植生生态防护、窗孔式护面墙+生态防护、土质边坡扦插紫穗槐、框架锚索+生态防护。下边坡防护采用拱形骨架防护、微喷工艺养护。路基工程中运用的新型绿色施工技术与措施包括小型构件集中预制装配施工、弃渣砂岩碎石生产技术、CFB 灰渣注浆充填公路采空区施工技术、植被边坡工程技术等。昔榆高速公路项目注重以节约资源、节能环保为出发点开展路基工程绿色建设。第一,严守生态保护红线,遵循环保六个百分

百施工原则;第二,注重表土剥离和再利用、红线内树种移植;第三,在距离村庄、文保地段 500m 范围内采用液压破碎镐+静态爆破相结合的施工工艺,减少振动和污染;第四,弃土场优化,减少弃土场数量,开展弃方造地、利用荒山造地等;第五,推广应用22项"四新"技术、14项微创新技术,如无人机测量土石方、自动篷布土方运输车运输、石质边坡光面爆破、小型预制构件生产、边坡锚固机锚固、多功能雾炮机施工等。

(一) 小型构件集中预制装配施工

小型预制构件主要涉及排水工程、防护工程。排水工程中,小型预制构件主要用作平台排水沟、平台排水沟急流槽盖板、路堤边坡急流槽;防护工程中,小型预制构件主要用作填方拱形骨架、挖方拱形骨架、路肩挡土墙锥坡、踏步。由于小型预制构件具有种类多、生产量大的特点,昔榆公司提出需要按照工厂化、集约化、专业化的要求,采用标准化设计、装配化施工。各种型号的预制构件模具统一由模具厂生产,再配置全自动预制设备、全自动脱模装置、全自动喷淋养护设备等自动化设施。小型标准化预制构件生产流程如图 5-1 所示。

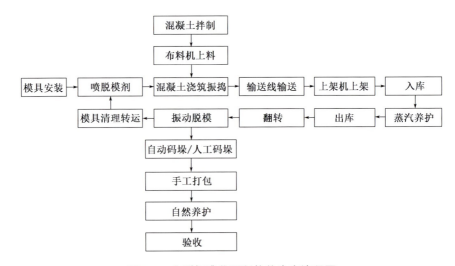

图 5-1 小型标准化预制构件生产流程图

由于小型构件棱角较多,混凝土接触模板面积相对较大,且塑料模具不能自由拆卸,导致混凝土脱模较为困难。为此,针对各种不同规格的模具,采用角钢自制不同尺寸的脱模架,保证脱模时混凝土悬空面高度超过 2cm 以上,同时选用高品质的脱模剂。在此基础上,对于直线形或实心构件,可通过脱模架快速将模具脱出;对于曲线形构件,需将构件放置在脱模架后,再放置于振动台上振动脱模,亦能达到快速脱模的效果。因此,相较于现浇结构,预制化的手段能够在生产过程中采用合理的生产制作工艺和方法,降低预制构件的生产成本,在加快生产进度的同时提高预制构件的成品质量。生产的小型标准化预制构件如图 5-2 所示,小型预制构件在护坡中的应用如图 5-3 所示。

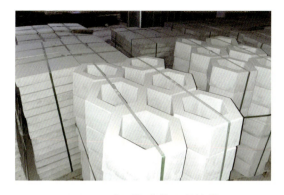 

图 5-2　小型标准化预制构件　　　　图 5-3　小型预制构件在护坡中的应用

(二) 弃渣砂岩碎石生产技术

1. 砂岩集料的生产工艺

昔榆高速公路施工过程中产生的弃渣以砂岩为主。为实现对砂岩弃渣的利用,昔榆公司秉持固废再利用的原则,对砂岩弃渣进行母材预选,探索出一套适用于黄土环境的砂岩破碎筛分工艺,将砂岩弃渣加工制备成稳定性良好、硬度较高的砂岩集料,如图 5-4 所示。砂岩弃渣能够满足路面基层、底基层强度等性能的设计要求,代替普通石灰石集料用于制备砂岩路面基层材料。

图 5-4　砂岩集料

按照砂岩集料技术要求,母岩的质量决定了砂石质量,严格筛选母岩是保证砂岩集料加工质量的关键。首先,要对母岩采点,从均质度、母岩强度与质地等多方面进行评价筛选;其次,母岩块石装车时应通过目测(颜色、质地、均匀性)与锤击的方式,判断其是否可用于生产混凝土用集料。因此,致密无纹理砂岩强度高、吸水率低,可以选用,带纹理的砂岩或泥岩与砂岩混杂的母岩不宜选用,如图 5-5 所示。

图 5-5　砂岩集料的区分与选择

此外,粗集料中不应混有草根、树叶、塑料、煤块等杂质,并且还需要严格控制砂岩集料中泥岩的含量(不得超过 1%)。为了实现集料的质量控制,每天应取当天生产的砂石料 2 次,检测砂石料的压碎值、含泥量、吸水率等指标。若不合格,加大检测频率;若再不合格,则应停止生产,并查明原因。弃渣砂岩粗集料技术指标见表 5-5。

弃渣砂岩粗集料技术指标　　　　表 5-5

项目		技术要求		
		I 类	II 类	III 类
碎石压碎指标(%)		≤10	≤20	≤30
坚固性(硫酸钠溶液法试验质量损失值,%)		≤5	≤8	≤12
吸水率(%)		≤1.0	≤2.0	
针片状颗粒总含量(按质量计,%)		≤5	≤10	≤15
含泥量(按质量计,%)		≤0.5	≤1	≤1.5
泥块含量(按质量计,%)		0	≤0.2	≤0.5
有害物质含量	有机物	合格		
	硫化物及硫酸盐(按 SO_3 质量计,%)	≤0.5	≤1.0	
岩石抗压强度(水饱和状态,MPa)		火成岩≥80;变质岩≥60;水成岩≥30		
表观密度(kg/m³)		≥2600		
连续级配松散堆积空隙率(%)		≤43	≤45	≤47
碱集料反应		经碱集料反应试验后,试件应无裂缝、酥裂、胶体外溢等现象,在规定试验龄期的膨胀率应小于 0.10%		

当弃渣出现较大变化时,弃渣质量可能发生变化,试验室负责及时取样检测弃渣抗压强度,保证弃渣抗压强度满足规范要求,同时粒径须控制在 800mm 以下,不得超过给料机进

口的最大限度。在此基础上便可开始进行集料的加工与生产,其生产工艺流程如图 5-6 所示。

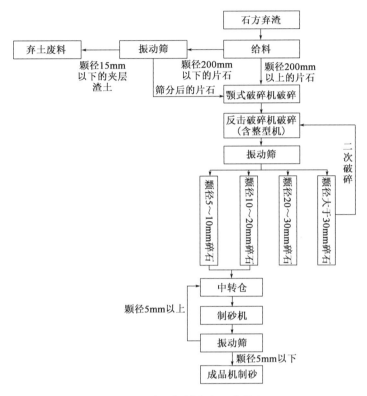

图 5-6　砂岩集料生产工艺流程

在给料时,弃渣须均匀喂入振动给料机。石方弃渣进入颚式破碎机之前,禁止原料中含夹层和渣土,由专人进行严格管控。石方弃渣经皮带输送至振动筛进行筛分,筛除夹层和渣土,片石经皮带输送至颚式破碎机。经颚式破碎机破碎的石料,进入反击破碎机进行二次破碎、整型、筛分,筛分出颗径 5～10mm、10～20mm、20～30mm 成品碎石和部分颗径 30mm 以上的石料,其中颗径 30mm 以上的石料经返料皮带输送至反击破碎机进行再次破碎。制砂机制砂时,采用颗径 5～10mm、10～30mm 成品碎石,由出料带输送至中转仓,经皮带输送至制砂机进行破碎、振动筛分机筛分,获得成品机制砂和颗径 5mm 以上的细石料,其中颗径 5mm 以上的细石料经返料皮带返回到中转仓里,由此形成一个循环的制砂环节。砂岩集料生产过程现场图如图 5-7～图 5-10 所示。生产结束的成品料应分区分类堆放,并标清标识标牌。

加工好的成品料宜每 400m³ 或 600t 抽检一次,具体技术指标见表 5-6。

图 5-7 砂岩集料生产

图 5-8 母岩破碎后分类

图 5-9 砂岩集料运输

图 5-10 集料在加工厂内储存

成品碎石技术指标 表 5-6

项目		技术要求		
		Ⅰ类	Ⅱ类	Ⅲ类
有害物质含量	云母(按质量计,%)	≤1.0	≤2.0	
	轻物质(按质量计,%)	≤1.0		
	有机物	合格		
	硫化物及硫酸盐(按SO_3质量计,%)	≤0.5		
	氯化物(以氯离子质量计,%)	≤0.01	≤0.02	≤0.06
坚固性	硫酸钠溶液法试验,砂的质量损失率(%)	≤8		≤10
	机制砂单级最大压碎指标(%)	≤20	≤25	≤30
	表观密度(kg/m³)	≥2500		
	松散堆积密度(kg/m³)	≥1400		
	空隙率(%)	≥44		

续上表

项目		技术要求		
		Ⅰ类	Ⅱ类	Ⅲ类
机制砂	亚甲蓝(MB)值≤1.4或快速试验合格	MB值	≤0.5	≤1.0	≤1.4或合格
		石粉含量(按质量计,%)	≤10.0		
		泥块含量(按质量计,%)	0	≤1.0	≤2.0
	亚甲蓝(MB)值>1.4或快速试验不合格	石粉含量(按质量计,%)	≤1.0	≤3.0	≤5.0
		泥块含量(按质量计,%)	0	≤1.0	≤2.0
碱集料反应		经碱集料反应试验后,试件应无裂缝、酥裂、胶体外溢等现象,在规定试验龄期的膨胀率应小于0.10%			

2. 砂岩集料的储存

昔榆高速公路全线共建立13处固废利用集中加工厂,用于弃渣砂岩集料的加工与储存。砂岩集料生产过程不受季节、气候等因素的影响,能够有效保证施工进度与施工质量。与常规路基施工材料相比,将砂岩弃渣作为集料用于路基填筑和混凝土中,可减少天然集料开采对山体的破坏和环境的污染,同时消纳了隧道、路基开挖产生的弃石,避免了弃石大规模堆存造成的土地占用与资源浪费。固废利用集中加工厂如图5-11所示。

冬季施工期间,细集料外置很容易被冻结成团块,必须要对细集料采取保温措施。目前常采用的使用生火炉、悬挂暖气片、放置电暖器等方式对细集料料仓进行保温的措施存在诸多不足。因此,为满足冬季施工需要,昔榆公司选用细集料加热系统,即在仓底均匀埋设加热电缆、温控器及限制温度的仪器,并根据实际天气情况和温度状况及时调节料仓温度,以便更好地储存材料。图5-12所示为细集料加热系统温度控制器。

图5-11 固废利用集中加工厂

图5-12 细集料加热系统温度控制器

冬季来临前,所需的细集料准备完毕后,将细集料放入料棚储存,并在细集料料仓底部铺设加热电缆(图5-13),可有效保证细集料的温度维持在7℃以上,解决细集料外置容易被冻结形成团块的问题,使材料的性能得到发挥,同时避免了不可再生能源的浪费和空气污染,具备环保节能的优点。

图 5-13　料仓底部铺设加热电缆

3. 砂岩集料的应用场景

砂岩自加工主要用于临建工程场站建设及施工便道,路基工程 C30 以下低强度等级混凝土挡土墙等附属工程、路床处理,路面工程底基层,桥涵工程台背回填,交安工程中央分隔带护栏,桥梁附属工程施工,隧道工程的二次衬砌施工等,如图 5-14 所示。

a)路面基层的应用

b)挡土墙的应用

c)框架梁的应用

d)中央分隔带防撞墙的应用

图　5-14

e)桥梁附属工程的应用

f)隧道二次衬砌混凝土的应用

图 5-14　砂岩集料的应用场景

(三) CFB 灰渣注浆充填材料在公路采空区的应用

由于沿线存在众多工业固废材料,昔榆公司对其进行大规模利用,循环流化床(CFB)燃煤技术即为运用的新型创新技术。循环流化床(CFB)燃煤技术是一种新型的洁净煤燃烧技术,在火力发电领域得到迅速发展。与传统煤粉炉相比,CFB 锅炉燃烧温度低、炉内部分脱硫,因而 CFB 灰渣与煤粉炉排放的粉煤灰性能差异较大,主要体现为 CFB 灰渣活性高、吸水率高且具有膨胀性。此外,水泥 CFB 灰渣注浆充填材料(CFB 灰渣)的结石率明显高于水泥粉煤灰注浆充填材料(普通粉煤灰和Ⅱ级粉煤灰),且具有显著的微膨胀特性,可弥补高水灰比注浆充填材料的收缩,有效避免采空区注浆后脱空。

CFB 灰渣注浆充填材料的施工流程主要包括 4 项:①对可取的 CFB 灰渣进行质量检验,优选高活性的 CFB 灰渣;②根据采空区的形貌、注浆料的试配结果及经济效益评价,合理选择水泥 CFB 飞灰注浆充填材料或者水泥 CFB 灰渣注浆充填材料;③选定注浆充填材料类型后,开展 CFB 灰渣注浆充填材料的配合比设计,确定施工配合比;④采用全自动环保配料、高效涡流制浆、泵送注浆工艺制备浆液,并进行公路下伏采空区的注浆处治。该技术具体施工工艺流程如图 5-15 所示。

注浆处治公路采空区时,不同的处治对象特性不同,对处治材料的要求也不同。CFB 灰渣注浆材料分为两类,即水泥 CFB 飞灰注浆材料和水泥 CFB 灰渣注浆材料。前者细度高、凝结时间长;后者由于以 CFB 炉渣为主,浆液最大粒径大,但强度、膨胀性均高于前者。对采空区地质条件进行勘探后,可根据注浆采空区特性,参照表 5-7 选择合适的 CFB 灰渣注浆材料。

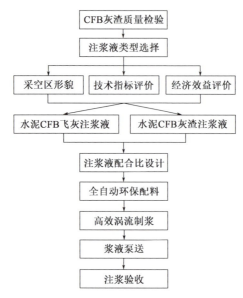

图 5-15　CFB 灰渣注浆充填工艺流程

不同 CFB 灰渣注浆材料适用范围　　　　　　　　　　表 5-7

注浆类型	适用采空区形貌	适用采空区位置	优势
水泥 CFB 灰渣注浆材料	空化采空区	路基下伏、桥隧下伏	凝结时间短，避免扩散，节约材料；强度高、微膨胀，有效防止脱空、塌陷
水泥 CFB 飞灰注浆材料	冒落采空区	路基下伏、桥隧下伏	凝结时间较长，充分充填裂隙；强度较高，收缩较小

将选择好的注浆材料使用微型计算机控制自动配料系统进行配料，在此基础上利用新型高效涡流制浆设备进行制浆。注浆时采用泵送方式，参照现行施工规范，先施工帷幕孔，后施工注浆孔，如遇特殊情况可做适当调整。同类孔中按采空区的倾斜方向，先施工采空区底板高程较低位置的注浆孔及构造物工点处的注浆孔，再沿倾斜方向由低向高、由边部向中心施工。CFB 灰渣注浆液施工现场图如图 5-16 所示。

a)CFB炉渣颚式破碎机破碎与筛分

b)高效涡流制浆设备

图　5-16

c)CFB灰渣注浆材料重度检测　　　　　　　　d)现场取水泥CFB飞灰浆液试块

图 5-16　CFB 灰渣注浆液施工现场图

CFB 燃煤技术的主要特点在于燃料及脱硫剂经多次循环、反复进行低温燃烧和脱硫反应，炉内湍流运动强烈，不但能达到低 NO_x 排放、90% 的脱硫效率和较高的燃烧效率，而且具有燃料适应性广、负荷调节性能好、灰渣易于综合利用等优点。因此，针对昔榆高速公路沿线采空区空间大、注浆充填材料水固比高、强度低的特点，结合 CFB 灰渣活性及高硫、高钙膨胀性，研究开发了 CFB 灰渣注浆充填材料，虽然需水量大、水固比高，但是强度高且有微膨胀性，成型的试件未见开裂；而同流态水泥粉煤灰注浆充填材料试件出现了明显的收缩开裂，突显了 CFB 灰渣作为注浆填充材料的优越性。CFB 灰渣在路床处理中的应用如图 5-17 所示。

图 5-17　CFB 灰渣在路床处理中的应用

（四）生态水泥在水稳基层的应用

为更好地掌握生态水泥应用在水稳基层的使用方法及各项性能，避免水稳基层裂缝质量通病的产生，在应用过程中对比开展了 P.RS 32.5 级生态水泥、P.S 32.5 级渣水泥、P.O 42.5 级普通硅酸盐水泥三种水泥胶砂强度、无机结合料无侧限抗压强度、劈裂强度、干缩、温缩、抗冲刷、冻融等多项性能试验，并分别铺筑了试验段。试验结果表明，P.RS 32.5 级生态水泥前期强度低，后期强度增长幅度较大，持续水化反应导致干缩应力持续增加，水泥收缩性大，抗裂性较差，更易产生裂缝。根据室内试验及试验段结果，组织相关单位积极推进生态水泥配方的优化调整,经过多次研讨调整,改良后的42.5级生态水泥,与常规水泥相比性能结果基本接近,现已在昔榆高速公路路面基层中大规模应用,现场铺筑效果良好,如图5-18所示,真正实现了固废材料循环利用,同时保证了工程质量,具有良好的社会效益、经济效益和生态效益。

图5-18 生态水泥应用于路床处理

(五)钢渣在沥青混凝土路面中的应用

钢渣"变废为宝",替代沥青混合料集料。钢渣具有耐磨、抗滑、强度高、与沥青黏附性好等特点,对提高我国沥青路面的耐久性和降低工程造价具有积极意义。此外,将钢渣制备成适用于沥青混凝土路面的集料,以代替石质集料,提高钢渣再生利用的经济价值,可节省自然资源(石材),其在施工中的应用如图5-19所示。为此,昔榆公司严把原材进场质量,优化材料设计,完善施工方案,精准过程控制,为后期大面积应用提供技术保障。同时,解决了我国钢铁工业因钢渣堆放污染环境的难题,为钢渣从固体废弃物转化为优质钢渣沥青混凝土耐磨集料开辟了广阔的前景。

图5-19 钢渣沥青混凝土施工应用

(六)弃土场专项整治

施工过程中,昔榆公司严格按照预防为主、保护优先、施工和保护并重的原则,开展了一系列环保专项提升行动。以建设标准化施工场地为目标,将施工对环境的干扰和破坏降至最低。

在弃土场专项整治方面,第一,严格按照"先挡后弃、分层碾压、恢复植被"的原则,强化弃土场管理;第二,坚持完毕一处、恢复一处、验收一处,落实环水保防控措施,确保弃土场整治达标;第三,对弃土场进行绿化施工,完善防排水措施,防止水土流失。施工现场硬质密闭围挡如图 5-20 所示,表土剥离集中存放利用如图 5-21 所示。

图 5-20　施工现场硬质密闭围挡　　　　图 5-21　表土剥离集中存放利用

在路域环境专项整治方面,施工便道、桥下环境、公路两侧贯彻"预防为主、保护优先、防治结合、强化管理"的方针,开展专项整治行动。施工便道增设防排水设施,定期洒水,减少扬尘污染;对桩基施工后被破坏的环境进行整治,注重桥下复绿、边坡复绿。施工现场裸露土体覆盖如图 5-22 所示,道路硬化洒水如图 5-23 所示。

图 5-22　施工现场裸露土体覆盖　　　　图 5-23　道路硬化洒水

(七) 植被边坡工程技术

1. 路堤边坡防护

对于位于冲沟或河滩上可能会受水流冲刷的路堤边坡,采用现浇混凝土护坡。填土或土石混合路堤边坡高度小于或等于 4m 时,坡面采用种植紫穗槐(灌木、草)的方式防护,如图 5-24 所示;路堤边坡高度大于 4m 时,采用 C25 混凝土预制块拱形骨架+拱内植草的方式防护,如图 5-25 所示。其中,三维植被网护坡技术主要是利用植物对土壤、水、光、热等方面的适应能力,在边坡表面铺挂一定厚度的三维植被网,使边坡具有一定的抗冲刷能力。根据所采用植物种类及种植时间的不同,可在边坡坡面形成乔木、灌木、草相互配合的植物群落,从而有效防止边坡水土流失和泥石流,起到护坡固土作用。其具体施工工艺为:首先清除坡面表层松软土壤并平整坡面;然后将三维植被网按照一定密度铺设在坡面上,再在三维植被网上铺一层土壤;最后进行喷灌。

图 5-24　土质边坡种植紫穗槐防护　　　　图 5-25　拱形骨架+拱内植草防护

将特定的水泥、营养土和绿植种子等按一定比例混合成植被混凝土,经过加压喷播到岩壁和边坡上,然后通过滴灌设施进行浇水,让混凝土中的绿植种子破土而出,形成绿色植被,从而保留水土、减少扬尘,实现绿化。通过促进坡面植被的健康生长,提高边坡的稳定性,增加其护坡绿化功能,提升景观效果。滴灌养护如图 5-26 所示。

图 5-26　滴灌养护

为增加土壤水分、提高空气湿度并调节小气候,在昔榆高速公路全线路基边坡绿化中架设了微喷设备进行养护,如图 5-27 所示。微喷是利用低压水泵和管道系统输水,在低压水的作用下,通过特别设计的微型雾化喷头,把水喷射到空中,并散成细小雾滴,洒在作物枝叶上或树冠下地面的一种灌水方式。比起喷灌,微喷更为省水,由于微喷雾滴细小,其适应性比喷灌更大,作物从苗期到成长收获期全过程适用。

图 5-27　微喷设备养护

通过两种灌溉技术的结合,减少了深层渗漏和表面蒸发,能够有效控制养护用水量,减少劳动力消耗,实现效益最大化。同时能够减少坡面径流,改善养护均匀程度,避免发生喷播层养分流失、结构破坏等情况,使喷播层水分保持在最佳的生长环境,并且可以冲刷坡面植物叶片灰尘,有利于加强植物光合作用,有效保证边坡植物的生长和存活,快速达到预期的绿化效果。

2.路堑边坡防护

(1)土质边坡防护

对于路堑边坡防护,就土质边坡而言,昔榆公司采用植草防护技术(图 5-28)。边坡高度小于或等于 4m 时,采用种植紫穗槐(灌木、草)防护;边坡高度大于 4m 时,根据边坡高度及稳定性对坡脚 1~2 级边坡采用 C25 混凝土预制块拱形骨架+拱内植草防护,2 级以上边坡采用植草防护。对于观赏性要求较高的路段,包括服务区站点附近的公路边坡或者立交区匝道高边坡等特殊要求的边坡,植草防护更为适用。

此外,为实现防护加固、绿色环保,昔榆公司采用了植物椰丝低碳技术进行生态防护。利用稻壳、麦壳、椰壳纤维等秸秆作为基底,并混合草种、营养剂等,经机械加工成植物椰丝毯,具有施工速度快、性价比高、低碳、环保等优点。椰丝毯网孔密集且大小合理,各类草籽都能顺利穿过苗壮生长;椰丝毯为植物的早期、中期、晚期生长分别提供保墒、防风、保温的作用,并且施工快、造价低廉。路基施工铺设植物椰丝毯既可防止边坡冲刷,又可作为永久绿化。植物椰丝毯铺设初期及成型效果分别如图 5-29、图 5-30 所示。

图 5-28　植草边坡防护图

图 5-29　植物椰丝毯铺设初期

图 5-30　植物椰丝毯成型效果

(2) 石质边坡防护

石质边坡防护方式由其稳定性决定。对于中风化砂岩、泥岩路堑边坡，边坡整体稳定时采用框架锚杆+生态植草防护，存在顺层等不利结构面时采用框架锚索+生态植草防护。框架锚杆施工是指整个工程自上而下、横向分片推进，一次完成锚喷防护，即从最高一级边坡防护开始施工，最高一级边坡施工结束之后，再施工次一级边坡，依次类推至最下一级边坡，直至施工完本片之后，转向下一片的施工。框架锚索支护则是将锚索框架主要设在一级边坡，施工时按照先上后下、横向推进钻孔的方案，即每上下两个孔成孔后组织一次穿锚索工作，先穿下孔，再穿上孔，每片锚索穿完之后组织一次注浆锚固，之后再进行框架施工，框架混凝土达到设计强度后，再进行锚索张拉、封锚等工序，形成最终的锚索框架防护体系。以上二者均属于锚杆技术，起到边坡加固的作用。框架锚杆生态防护效果如图 5-31 所示。

对于边坡岩性为弱风化厚层状砂岩、灰岩路段，因边坡整体稳定性好，采用植物防护网防护。对于边坡稳定、年平均降雨量为 200mm 以上的软质岩边坡、土石边坡等，采用喷混植生防护。植物防护网，即将钢丝或铁线等作为主要材料的柔性网覆盖在坡面上，形成一层具有一定厚度和强度的坡面保护层，以限制坡面冲沟发育，减缓水流速度，防止水土流失。此外，植物防护网还具有一定的生态效益，在改善边坡附近生态环境的同时，可对一些受破坏或不能修复的地方起到一定的防护作用。而喷混植生技术利用客土掺混黏合剂和锚杆加固铁丝网技术，运用特制喷混机械将混合干料加水后喷射到岩面上，从而实现绿化防护。其中，客土是以团粒剂使土壤形成团粒化结构，加筋纤维在其中起到类似植物根茎的网络加筋作用，从而形成有一定厚度的具有耐雨水、风侵蚀，牢固透气，与自然表土相类似或更优的多孔稳定土壤结构。喷混植生技术具有成本低、人工少、坡面覆盖率高、绿化效果持续等特点。该技术综合运用机械喷播和化学锚固的坡面植被恢复技术，既能迅速稳定边坡，又能形成连续的绿化覆盖层，有效解决了边坡防护与绿化的矛盾。喷混植生生态防护效果如图 5-32 所示。

图 5-31　框架锚杆生态防护效果图

图 5-32　喷混植生生态防护效果图

对于边坡岩性为泥岩及土石混杂段，采用窗孔式护面墙＋生态防护，如图 5-33 所示。窗孔式护面墙一般采用混凝土、片石混凝土、浆砌片块石、卵（砾）石等材料作为框格骨架，框格内采用植物防护或其他辅助防护措施（捶面防护或干砌片石）。窗孔式护面墙防护形式能有效防止路基边坡在坡面水冲刷下形成冲沟，有效提高边坡的稳定性，降低边坡开挖高度，减少边坡挖方数量，降低造价，有利于路容路貌整齐美观。窗孔式护面墙形式主要有人字形、菱形及方形等。

除上述各岩性边坡外，昔榆高速公路沿线存在部分红黏土边坡，具有水土流失严重、抗冲刷性差、植物种子易被冲刷的修复难点，应用传统生态修复技术存在边坡抗侵蚀性差、植物生长速度慢、工程造价高、修复材料降解难度大的问题。针对红黏土边坡抗冲刷性差和坡面养分含量低两个主要特征，引入人造土壤和抗侵蚀固土剂等新型功能材料代替传统材料，采用全封闭式红黏土边坡刚性防护方案，防止自然降水被土体吸收而发生崩塌，同时限制因地下水渗流而造成的坡面土体松散。通过建立植物群落，增强坡面的抗冲刷能力，改良高速公路沿线的路域景观效果。红黏土地质下生态修复如图 5-34 所示。

图 5-33　窗孔式护面墙+生态防护　　　　图 5-34　红黏土地质下生态修复

（3）石质边坡微生态修复

昔榆高速公路沿线石质边坡土质条件主要为中风化砂岩和少量泥岩，周边山体的生态环境较脆弱。为此，昔榆公司响应"绿水青山就是金山银山"理念，针对石质路堑边坡绿化成立专业科研项目，经过反复研究试验，形成"植物微生态容器""植物微生态钵苗"思路，以农林固废植物秸秆等光合作用的产物为主原料，通过物理、化学处理，适量添加微生物菌系模压成型，在坡面岩石上打孔栽植，如图 5-35 所示。

图 5-35　微生态打孔栽植

通过机械化打孔栽植暴马丁香、金叶榆、柠条等灌木，并栽植菊花、播撒花草籽等。经过 45d 生长，坡面植物长势良好，成活率达 90% 以上。此次试验完成"石质边坡植物微生态修复技术"工程，不仅大量节约淡水，实现植物"自养"，大大降低后期养护管理成本，也为山西昔榆高速公路生态优先、节约集约、绿色低碳发展提供技术支持。部分坡面的草与灌木连成一片，初步达到改良坡面生态效果，并承受了多次强降雨冲刷，既固化了坡面，又美化了环境，对山西省高速公路建设生态修复乃至矿山生态修复、盐碱地土壤改良有重要借鉴价值。微生态循环栽培技术未来还将在山西、内蒙古、河北、宁夏、新疆等地的荒山荒坡治理、破损山体修复、沙漠绿化等工程中得到广泛应用。微生态修复过程、服务区修复后预期效果图分别如图5-36、图5-37所示。

图5-36　微生态修复过程

图5-37　服务区修复后预期效果图

一个微生态钵苗就是一个微环境，依靠自身携带的水肥就可满足生长需求，减轻周围不良环境干扰，实现抗逆生长。若干微生态钵苗集合，通过相互作用、相互融合、群落共享，改良土壤结构，形成全新的自然生态环境。微生态钵苗具有抗旱节水、循环利用、防冻御寒、抗逆生长、因地制宜的特点，钵苗成活率可达95%。微生态钵苗如图5-38所示。

图5-38　微生态钵苗

该技术通过微生态钵生产、钵苗培育、坡面打孔、钵面栽植四个步骤完成边坡修复。其中，打孔时角度与坡面形成夹角，可充分吸收降雨；而后在孔内施肥回填10~15cm种植土，再放置营养钵；最后选用紫穗槐苗，撒播沙打旺、细枝岩黄芪混合草种，再覆2cm左右厚度的营养土于整体坡面较稳定的边坡及土质、砂土质边坡，以进行边坡修复。在浇水养护时，由坡面自下而上喷灌，可确保坡面不受冲蚀，一次性浇水即可达到饱和状态。同时使用集雨器，最大效率利用自然降雨。微生态钵苗栽种工艺流程如图5-39所示。

图5-39 微生态钵苗栽种工艺流程图

二 路面绿色施工

路面工程施工以节能、环保、耐久性为立足点。第一，立足"零污染"施工理念，矿粉、机制砂"三集中"场站内自加工直接入仓；第二，合理组织施工，有效避免交叉施工；第三，优化中央分隔带，减少填土；第四，推广应用路面全幅摊铺一次成型技术、水稳双层连铺技术，探索钢渣耐磨沥青混凝土铺筑、养护材料循环利用等；在路面绿色施工中，推广应用微创新、"四新"技术成果14项，立项行业标准1项，贯彻节能环保、低碳绿色施工理念。

路面绿色施工中，通常包括清理路面、铺设路面等。铺设路面时，昔榆公司推广应用稀浆封层及雾封层等路面预防性养护技术、温拌沥青混合料工艺等新型摊铺工艺、沥青路面再生和水泥混凝土路面再生技术等，最终实现节能降碳目标。表5-8为昔榆高速公路路面绿色施工微创新技术汇总表。

昔榆高速公路路面绿色施工微创新技术汇总表　　　表5-8

序号	路面绿色施工技术	项目用途	预计实施效果
1	橡胶粉改性沥青	用于路面上面层，是理想的环保型路面材料，可提高路面上中面层沥青及沥青混合料的耐久性	减少环境中黑色污染和白色污染，提高沥青混合料高温稳定性、低温抗裂性、抗滑性、耐磨性，并可吸收光线，减缓强光刺眼

续上表

序号	路面绿色施工技术	项目用途	预计实施效果
2	粉煤灰混凝土施工配合比优化技术	解决单用水泥的混凝土和易性差、耐久性不足和成本偏高的问题	降低混凝土生产成本,减少环境污染,改善混凝土的和易性和可泵性,降低坍落度损失,减少早期开裂现象,提高耐久性
3	高性能混凝土材料	通过添加集料、水泥减水剂以及粉煤灰,最大程度发挥减水剂的使用效果,提高减水剂的利用效率,使混凝土材料的属性得到优化	降低混凝土的孔隙率,提高混凝土的力学性能

除上述汇总的微创新技术外,路面工程中运用的新型绿色施工技术与措施包括以下3项:路面全幅摊铺一次成型与水稳双层连铺技术、沥青拌和站"油改气"、温拌沥青混合料技术。

(一)路面全幅摊铺一次成型与水稳双层连铺技术

为实现超大宽度一次性摊铺成型,避免传统的双机联铺甚至三机联铺时拱度、夯锤、行走速度等参数设定不一致造成的平整度损失以及纵向接缝,采用阶梯摊铺、一次成型方式,碾压从两边向中间进行。选择摊铺性能好的全自动找平摊铺机,整幅一次摊铺,碾压由低处向高处进行,以保证摊铺料不离析、表面平整、横坡符合要求。初压时尽可能在高温状态下紧跟摊铺机碾压,严格控制振动压路机碾压速度(3~6km/h)。此外,碾压时压路机驱动轮应面向摊铺机,尽量减少压轮喷水量,并不得使用喷水美化效果差的压路机。振动压路机遵循高频、低幅原则,振动频率为35~50Hz,振幅为0.3~0.8mm。碾压倒车时,应先停振停车,再慢速起动,以避免沥青面层产生推移、拥包、开裂。同时,为防止轮胎压路机黏轮,用喷雾器在轮上薄层喷涂专用防黏剂或菜籽油,不得喷水,及时清除已黏附的混合料。全幅摊铺一次成型如图5-40所示。

土路床成型后,昔榆公司采用了下层及中层水稳双层连铺技术。与传统的分层摊铺不同,双层连铺更注重施工过程中细节的掌控,不需要等到下层水稳达到设计要求的强度再摊铺第二层,而是在下层水稳料摊铺碾压完成且达到一定的压实度后随即进行第二层水稳料的摊铺工程。这种施工方法既保证了施工质量,又节省了工期,具有一定的创新性和实用性,综合效益较为显著。从下面层开始摊铺到上面层完成全部的碾压工作,中间的时间段应严格控制在4h以内,确保工程质量。水稳双层连铺技术如图5-41所示。

图 5-40　全幅摊铺一次成型　　　　图 5-41　水稳双层连铺技术

(二) 推广沥青混合料节能拌和设备

对于沥青混合料节能拌和设备，昔榆公司推行沥青拌和站全部实施"油改气"，定期检查施工机械、拌和站等气体排放，严格做到达标后排放，石灰、粉煤灰等粉体材料封闭存储，有污染气体排放的拌和站、堆料场等设施设立在施工季节中敏感区主导风向的下风向位置，用以降低拌和施工温室气体与大气污染物排放强度。此外，为减少对居民区的干扰，拌和站距居民区等敏感区的距离不小于 300m。

同时，昔榆公司在拌和站水泥罐顶安装除尘罩，在滤袋表面沉积的粉尘通过除尘器底部的排灰器排出。除尘罩的使用能够有效收集和处理水泥罐顶仓中排放的粉尘，达到环保效果，如图 5-42 所示。

图 5-42　拌和站水泥罐顶安装除尘罩

(三) 优化沥青混合料摊铺、碾压工艺

对于沥青混合料摊铺、碾压工艺，隧道路面工程采用温拌沥青混合料技术。温拌沥青混合

料工艺是一种生产沥青混合料的温度比常用的热拌沥青混合料低30~50℃,并且能够保证其强度、耐久性能与热拌沥青混合料相似的生产工艺。通过在沥青混合料的拌和过程中加入温拌添加剂等,降低沥青混合料的黏度,从而实现沥青混合料在较低的温度下进行拌和及压实。温拌沥青混合料技术可以用于沥青路面的各个结构层。因此,昔榆公司将该技术主要运用于隧道路面的铺筑。温拌沥青混合料技术可有效解决施工中沥青混合料烟尘难以排放和施工环境温度过高的问题。昔榆公司在对该项技术进行应用时,有以下4个关键控制点。

一是拌和温度控制。在进行道路施工时,与传统的热拌沥青混合料相比,温拌沥青混合料施工温度得到有效降低。对于温拌沥青混合料的拌和,当添加矿粉、温拌添加剂时,部分热量产生一定的损失,因此,集料加热温度的设定应略高于出料温度。另外,温拌沥青混合料的出料温度需要根据施工实际情况进行调整,施工人员应严格控制拌和温度,以满足施工要求。

二是混合料运输。当使用运输车进行温拌混合料运输时,工作人员应采取保温措施。尤其是冬季施工,由于温度较低,沥青混合料的温度下降较快,这就要求工作人员做好运输车的保温工作。为此,昔榆公司在集料运输车的侧面加装泡沫隔板,确保在运输过程中能够有效延缓沥青混合料温度降低的速度。另外,昔榆公司还在混合料中加装数字显示插入式热电偶温度计,以便于对沥青混合料出厂时的温度以及运送到施工现场时的温度进行检测。

三是混合料摊铺。温拌沥青混合料摊铺施工时,施工人员在沥青面层洒布透层油和黏层油,并且要确保所洒布的黏层油有足够的时间蒸发。在低温季节施工时,摊铺不宜在温度低于0℃以及路面较湿时进行,如果路面结冰,会对层间的黏结产生较大的影响,从而降低路面使用寿命。

四是混合料碾压。在进行温拌沥青混合料碾压施工时,施工人员应按照相关的施工规范规定要求,选择合适的碾压方式。为了提高道路的平整度和压实度,在进行初压时,若沥青混合料不产生推移、开裂,施工人员应在摊铺后温度较高的情况下进行碾压作业。当采用钢轮压路机进行洒水作业时,其湿度应满足施工的标准要求,不允许产生较多的流畅水;当采用胶轮压路机轮胎进行涂刷作业时,施工人员应使用稀释后的植物油配置扫把进行作业,以提高碾压施工质量。

与热拌沥青混合料相比,在不降低沥青混合料性能的前提下,温拌沥青混合料的拌和温度一般可降低30~50℃,可节省燃油消耗20%~30%,减少二氧化碳等温室气体排放50%以上,减少沥青烟等有毒气体排放80%以上。此外,该技术还可以有效降低有害气体和粉尘的排放量,在很大程度上改善施工环境。同时,温拌沥青混合料易于储存,并且其技术能够使沥青温度与外界环境温度之间的差距缩小;道路施工依然能够在较寒冷的季节进行,可以降低施工的季节局限性,降低冬季施工难度。此外,温拌沥青混合料的施工温度较低,在高温工作环境下,可有效降低施工设备的损耗,延长设备使用寿命,降低施工成本。设备损坏率的降低也使得施工效率得到有效提高,进而提高施工安全系数。热拌和温拌能耗比较、拌和厂气体排放检测结果分别见表 5-9、表 5-10。

热拌和温拌能耗比较　　　　　　　　　　　　　　　表 5-9

混合料类型	出料温度（℃）	燃油消耗量（kg/t）	温拌节能（%）
热拌沥青混合料	160	6.8	—
温拌沥青混合料	120	5.3	22

拌和厂气体排放检测结果　　　　　　　　　　　　　　表 5-10

测试项目	热拌	温拌	降幅（%）
二氧化碳（mg/m³）	2.6	1	61.5
氮氧化合物（mg/m³）	151	40	73.5
一氧化碳（mg/m³）	104	91.3	12.2
二氧化硫（10⁴mg/m³）	13	3.3	74.6
烟尘（mg/m³）	5.6	2.59	53.8

三　桥涵绿色施工

　　桥涵施工中，昔榆公司注重以标准化、信息化、数字化、智能化推进控制性工程的绿色建设。第一，打造智慧梁场，应用"移动台座＋固定液压模板＋蒸汽养护"一体化 T 梁流水线集中预制；第二，应用高墩柱液压爬模施工技术、装配式涵洞施工技术；第三，桩基施工采用旋挖钻，无泥浆池配置，减少环境污染；第四，通过优化模板、加强混凝土环保施工及运用桥面新型材料等保障桥涵施工质量与安全。在桥涵绿色施工中，先后获得授权专利 7 项、微创新奖 2 项、省级施工工法 6 项，桥梁与装配式涵洞集中化预制的整体环保效益突出。表 5-11 为昔榆高速公路桥涵绿色施工微创新技术汇总表。

昔榆高速公路桥涵绿色施工微创新技术汇总表　　　　　　表 5-11

序号	桥涵绿色施工技术	项目用途	预计实施效果
1	桩基声测管管口木塞保护装置	桩基声测管管口封闭	灌桩时，可防止混凝土或杂物掉入管道，保证声测管道通畅
2	采用海绵胶管快速破除桩头混凝土施工技术	解决钻孔灌注桩施工过程中超灌混凝土桩基桩头混凝土与钢筋黏结，造成破桩困难的施工技术问题	保证施工质量，降低施工成本，提高施工效率，同时还可改善作业环境，满足职业健康安全方面的要求
3	桥梁伸缩缝技术	采用 BJ100 树脂砂浆和 G100 缝隙密封剂两种材料，适用于伸缩量为 8cm 及以下的桥梁伸缩缝新建与修复	摒弃传统伸缩缝复杂的锚固结构，较好地保证路面的弹性和平整度，并消除桥头跳车缺陷，保障桥梁安全畅通
4	定型化临边防护	泥浆池、基坑应用定型化临边防护	保障安全施工，同时因防护栏的标准化、定型化特点，可多次转移使用，降低成本

续上表

序号	桥涵绿色施工技术	项目用途	预计实施效果
5	硅胶发泡密封胶条制作滴水檐	桥梁预防性养护中采用,用于解决桥梁边板和翼缘板的水腐蚀问题	清理凿除了距梁板端部的混凝土上表层出现剥落、蜂窝、腐蚀等劣化现象的部位,硅胶发泡密封胶条无变形,阻止水流的效果较好

除上述汇总的微创新技术外,桥涵工程中运用的新型绿色施工技术与措施包括以下5项:"移动台座+固定液压模板+蒸汽养护"一体化T梁生产系统、旋挖法施工、高墩液压爬模施工、装配式防撞护栏、装配式涵洞预制施工。

(一)"移动台座+固定液压模板+蒸汽养护"一体化T梁生产系统

"移动台座+固定液压模板+蒸汽养护"一体化T梁生产系统是指使梁体预制生产中以固有节拍移动,在钢筋加工绑扎区和浇筑区建立车间覆盖,操作工人在固定区域、固定时间进行专业化作业,从而实现一体化T梁预制。其具体制梁过程为:T梁的钢筋骨架在钢筋加工区加工与绑扎,此时移动台座在台座横移就位区等候,运用桁式起重机将钢筋骨架吊装至移动台座上,移动台座牵引钢筋骨架至混凝土浇筑区,固定式液压模板在液压系统的控制下合模,进行T梁混凝土浇筑。拆模后,移动台座牵引T梁至智能蒸养区,对T梁进行蒸汽养护,快速提升强度。T梁蒸汽养护完毕后,移动台座牵引T梁至张拉压浆区,进行预张拉施工,完成张拉、压浆等工序。最后,T梁被桁式起重机吊装至存梁区,移动台座通过移动小车返回台座横移就位区,进行下一片T梁的制作。预制T梁一体化施工流程如图5-43所示。

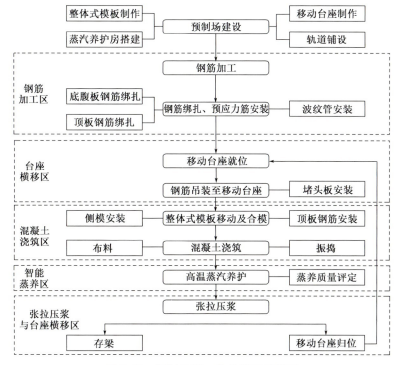

图5-43 预制T梁一体化施工流程图

移动台座由台座骨架、行走系统、电力系统构成。台座骨架是T梁预制时的底模,由不锈钢材料制作而成。采用"混凝土基础＋槽钢轨道"的移动形式,能够在台座横移区、T梁预制区、智能蒸养区、张拉压浆区灵活移动,也将其有机串联在一起。与传统混凝土固定台座相比,移动台座的使用改变了传统的制梁方式,压缩了工序之间的衔接时间,实现了钢筋绑扎、浇筑、养护在流水线上移动作业。此外,移动台座将原来的施工区域固定、施工工序循环转换为施工工序固定、施工区域循环,减少交叉施工干扰,同时缩减了钢筋提吊环节时间,提高钢筋安装质量,大幅提升生产的专业化与集约化水平。移动台座示意图如图5-44所示。

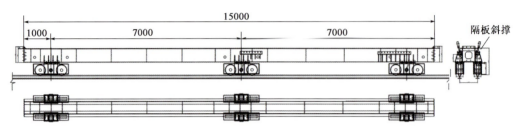

图5-44　移动台座示意图(尺寸单位:mm)
注:本图只展示了移动台座其中的一节。

固定液压模板将传统分节的模板转变为整体钢模板,并集成智能液压动力系统与振捣系统。预制T梁的振捣以机械振捣为主、人工振捣为辅,即由附着式振捣器与插入式振捣棒共同完成,有利于振捣均匀密实,使残留在混凝土中的气泡排除得更加干净。附着式振捣器布设在T梁的下部和插入式振捣棒不易插进的位置,用于波纹管以下的位置和横隔板处的振捣;插入式振捣棒则用于波纹管以上及翼缘板的振捣。在附着式振捣器停振以后,插入式振捣棒采用先后顺序振捣法来回振捣,从插入到拔出时间控制在20s。该固定液压模板无须进行模板现场拼缝,杜绝了模板错台、缝隙,从根本上解决了模板接缝的错台、漏浆问题。此外,固定液压模板的应用还减少了模板和钢筋的吊装频率,提高了自动化水平,达到节约环保的目的。振捣系统及固定液压模板分别如图5-45、图5-46所示。

图5-45　振捣系统

图5-46　固定液压模板

蒸汽养护设备包括蒸汽养护棚、变温蒸汽养护设备、温度测量设备等。蒸汽养护棚采用试验恒温养护室标准建设，内设隔热保温层，提供恒温恒湿的环境。变温蒸汽养护设备包括全天候时钟式不间断继电器和新能源锅炉。全天候时钟式不间断继电器实现T梁不间断蒸汽养护，保证蒸汽养护室的温度与湿度随梁体混凝土温度变化自动调节。新能源锅炉以甲醇为燃料，燃烧效益高，易于燃尽，残留的碳量少。温度测量设备则通过调整进气压力的大小来控制蒸汽养护棚内温度与湿度，以实现蒸汽养护棚内的恒温与恒湿。相比传统喷淋养护，该蒸汽养护方式提供大量且稳定的蒸汽，可智能调节温度及时间，促进混凝土在一定线性温控下较早达到设计强度，避免了混凝土因水分过速蒸发后出现收缩裂缝的弊病。此外，该蒸汽养护方式成功解决了传统梁场蒸汽养护温度不稳定和时间较长的难题，极大提升了蒸汽养护功效和梁体质量。蒸汽养护棚、变温蒸汽养护设备、温控设备分别如图5-47～图5-49所示。

图5-47　蒸汽养护棚

图5-48　变温蒸汽养护设备

图5-49　温控设备

（二）旋挖法施工

强化桥梁基础施工时，昔榆公司将旋挖钻进成孔技术运用于桥梁桩基施工中。开钻前场地完成"三通一平",即路通、水通、电通、场地平整。场地平整采用装载机平整,人工配合,平整后用装载机轮胎进行碾压。场地平整度不足时需要进行作业面换填处理,压路机碾压,以满足钻孔设备的稳定性要求。在干法成孔中,旋挖钻进成孔具有比泥浆护壁成孔更多的优点,即效率高、成孔速度快、扩孔率小。该工艺在砂卵层和岩石层施工时更具优越性,不需要循环泥浆,可使施工作业面整洁,对环境造成的污染小。采用旋挖钻进工艺进行桩基施工,桩检合格率能够达到100%,极大提高施工质量,大大降低施工中的人工成本,同时降低施工人员的劳动强度。该工艺也极大提高了成孔效率,节省了工期,为后续下部结构施工打下了坚实的基础。旋挖钻进施工工艺流程图及实际施工图分别如图5-50、图5-51所示。

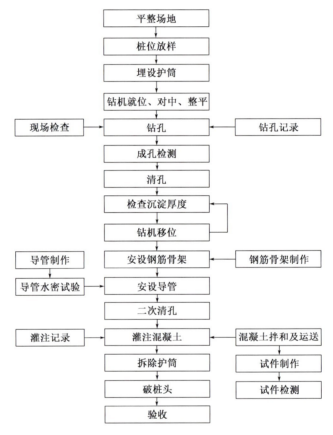

图5-50　旋挖钻进施工工艺流程图

(三) 高墩液压爬模施工

为方便桥梁墩柱施工及提高施工效率,在实际施工中,昔榆公司采用高墩液压爬模施工(图5-52)方法。其中,模板采用木梁胶合板体系,架体采用ACS-100爬模体系,竖直标准浇筑高度为4.5m,模板配置高度为4.65m,同时采用塔式起重机配合液压爬模施工,如图5-53所示。为此,需提前在桥梁桩基、承台施工时优先施工塔式起重机附着墩位,以便塔式起重机及时安装、附着。施工时,1台塔式起重机配置2套模板,同时进行2个墩的施工,2个墩施工完毕后再施工其他2个墩。施工时,塔式起重机用于钢筋和小型机具的吊运。塔式起重机中途不进行拆装,待下部结构(墩身、盖梁、挡块、支座垫石)全部施工完毕后再拆除。

图5-51 旋挖钻进工艺桩基施工

图5-52 高墩液压爬模施工

图5-53 塔式起重机配合液压爬模施工

液压自爬模的动力来自本身自带的液压顶升系统。液压顶升系统包括液压缸和上下换向盒,换向盒可控制提升导轨或提升架体。通过液压系统,可使模板架体与导轨间形成互爬,从而使液压自爬模稳步向上爬升。液压自爬模在施工过程中无须其他起重设备,操作方便,爬升速度快,安全系数高。液压自爬模示意如图5-54所示。

(四)装配式防撞护栏

防撞护栏是桥梁的附属结构。在预制场生产出防撞护栏预制构件,养护完成后再运输到建设施工现场,可采用简单可靠的连接方式完成安装。昔榆公司在桥梁全线设置防撞护栏,采用全装配式施工工艺。针对路侧的预制装配式混凝土防撞护栏,采用预埋角钢焊接与金属波纹管灌浆有机结合的连接方案,即在预制场加工装配式混凝土防撞护栏及其桥面板,在预制防撞护栏内预埋金属波纹管和角钢,在预制桥面板内预埋连接钢筋和钢板。对于中央分隔带防撞护栏,主要考虑在发生事故时避免事故车辆冲向对向车道造成二次事故,因此采用防撞护栏预埋角钢与桥面板预埋钢板焊接的连接方式来抵抗防撞护栏受到的水平荷载。

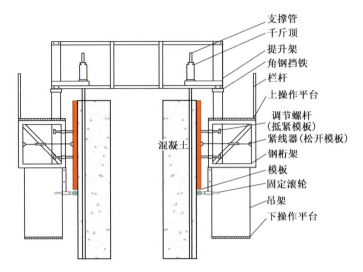

图 5-54　液压自爬模装置示意图

(五) 装配式涵洞预制施工

混凝土箱涵传统施工方法一般为现浇,其优势在于施工简便、价格低廉。但受到混凝土自身龄期、材料运转周期、外部环境条件等因素影响,后期养护条件不易得到保证。为此,昔榆公司开展了黄土地区预制装配式涵洞关键技术研究,并在昔榆高速公路全线开展技术应用。

昔榆高速公路黄土路段推广采用装配式箱涵(图 5-55),从钢筋绑扎到浇筑均在预制场里完成,现场只进行拼接抹缝。昔榆高速公路全线主线涵洞均采用标准跨径和净高的装配式箱涵。预制构件分为标准节段和非标准节段,标准节段每节 3m,非标准节段每节 1m。每节预制涵洞由三部分组成,分别为顶板(1 榀)、侧墙(2 榀)、现浇底板,如图 5-56 所示。

图 5-55　装配式箱涵

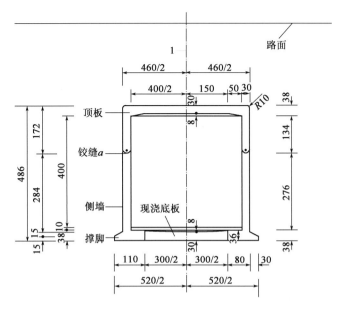

图 5-56 预制涵洞节段构造图（尺寸单位：cm）

装配式箱涵最大的优势就是通过工厂化预制进行规模化生产，之后现场可快速拼接，生产效率、流水化作业程度高且不受天气因素影响，节省了大量现场浇筑工期，施工进度显著加快。同时，由于其在预制场集中生产，对现场自然环境的影响相比现浇法大幅降低。装配式箱涵施工流程如图 5-57 所示。

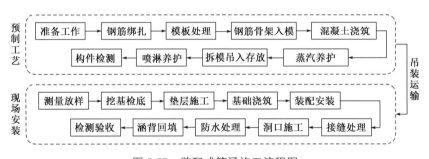

图 5-57 装配式箱涵施工流程图

装配式箱涵构件在预制场内生产完成并检测合格后，经门式起重机（人工配合）吊至平板车上水平放置，随后运至施工现场。在汽车起重机的配合下，便可以开始进行现场安装。

装配式箱涵节段安装顺序为由高处向低处安装，具体安装步骤有四步（图 5-58）。第一步：精准放样，安装一个侧墙。第二步：安装另一个侧墙。第三步：安装顶板。顶板与两侧墙接头为肘形自由铰接，顶板吊装就位前于侧墙凹槽内涂设黏稠状态的高强水泥砂浆，用以顶板就位时的铰缝自行填塞。第四步：现浇底板。浇筑底板混凝土时，应将两侧墙与底板接触面的混凝土做凿毛处理，以便于现浇底板良好接合。拼装完成的箱涵如图 5-59 所示。

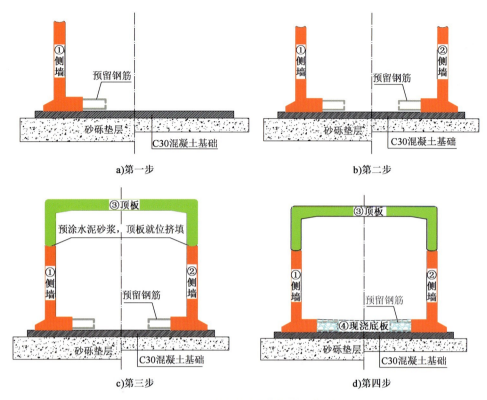

图 5-58 装配式箱涵节段安装步骤

图 5-59 拼装完成的装配式箱涵

综合实际地形地貌特征、地基承载力、涵洞地基的破坏模式和正常使用的功能要求等因素,昔榆公司建立了填土、涵洞、地基共同作用计算模型,分析了不同拼接方式的涵洞结构内力与变形特性,提出了预制装配式通道的合理模块划分、设计荷载计算、结构受力与变形特性等方面的设计分析方法。同时,昔榆公司也提出了适用于黄土地区装配式箱涵施工的施工工艺及洞身质量控制措施,有效确保了装配式箱涵施工技术的规范性和可靠性,从施工技术上建立箱涵施工的生态保障支撑系统。

四 隧道绿色施工

隧道施工中,昔榆公司注重从"四新"技术应用推广、节能环保等方面开展绿色建设。第一,由于隧道工程量大、施工难度大、安全风险高,采用隧道施工"九件套"设备,有效控制隧道超欠挖及材料消耗;第二,采用聚能光面爆破技术和新能源施工机械,减少污染;第三,选用无污染堵水材料、无碱速凝剂;第四,增设地埋式厌氧好氧(AO)污水处理设备+膜生物反应器(MBR)污水处理设备;第五,采用巷道式通风,运用三维激光超欠挖扫描仪、隧道乙烯-醋酸乙烯共聚物(EVA)防水板等。此外,通过应用智能化、信息化施工技术,实现隧道施工节能环保。昔榆高速公路隧道绿色施工微创新技术汇总表见表5-12。

昔榆高速公路隧道绿色施工微创新技术汇总表　　　表5-12

序号	隧道绿色施工技术	项目用途	预计实施效果
1	多功能雾炮机	解决施工现场尘土乱飞现象,雾炮机移动性强,可解决大范围的飞尘问题	射程远、覆盖范围广、工作效率高,可实现精量喷雾,快速抑制粉尘,且操作灵活、安全可靠
2	智能多臂凿岩机	用于隧道钻孔精准定位,降低事故率	更好地保障爆破进尺和控制超欠挖
3	全自动液压栈桥	在掌子面施工的同时进行隧道仰拱开挖、钢筋绑扎、仰拱浇筑等平行作业	减少干扰,节约时间,提高隧道施工整体效率
4	自动浇筑衬砌台车	混凝土分层浇筑布料机	有效提高二次衬砌混凝土浇筑的实体质量和外观质量,减少换管施工工序和操作人员数量,节约浇筑时间,降低施工成本

隧道工程中运用的新型绿色施工技术与措施主要为以下6项:聚能水压光面爆破施工、湿喷初期支护、研制应用二次衬砌喷淋养护台车、隧道涌水综合治理、隧道污水处理水平管沉淀分离技术、新能源电动摆渡车。

(一)隧道聚能水压光面爆破施工

水压光面爆破是一种新型节能环保爆破技术,预先在炮眼药卷中的一定位置放置水袋,再用炮泥在炮眼孔口回填堵塞,较好地解决了常规隧道掘进爆破炸药能量不能充分利用、爆破效果不好、作业环境差等问题,达到提高炸药能量利用率、提高进尺、提高经济效益、降低洞渣大块率、降低振动速度、保护作业人员身体健康的"三提高、两降低、一保护"的效果。然而，其仍未能解决爆破钻孔数量多、工作量大、炸药对围岩破坏作用较大的问题。为解决这些问题，昔榆公司将聚能爆破原理与水压爆破技术相结合，形成了聚能水压光面爆破技术。在水压爆破的基础上，采用聚能管均匀线性连续装药代替药卷间隔装药，实现光面爆破。

常规光面爆破炮孔中的炸药爆炸后，在岩石中传播应力波时产生径向压应力和切向拉应力，由于光爆炮孔相邻互为"空孔"，所以在光爆炮孔连线两侧产生应力集中度很高的拉应力，超过岩石抗拉强度，在炮孔之间形成初始裂缝。由于炸药爆炸生成的高压气体膨胀产生的静力作用，促使初始裂缝进一步延伸扩大。而聚能水压爆破除了上述应力波作用外，在聚能槽产生的高温高压射流以及光爆孔中的水袋，在爆炸作用下产生"水楔"效应，促使岩石初始裂缝延伸扩展加大。此外，炮孔由于用水袋炮泥复合填塞，将爆炸生成的膨胀气体控制于炮孔中，其膨胀气体静力作用要比常规不堵眼光面爆破强得多，更有利于已形成的裂缝再延伸扩展加大，对岩石破碎有较好的效果。聚能水压光面爆破效果如图5-60所示。

图5-60　聚能水压光面爆破效果图

（二）湿喷初期支护

隧道初期支护一般指锚杆喷射混凝土支护，是一种柔性支护，能够和围岩紧紧黏在一起共同作用，可以和围岩共同产生变形，在围岩中形成一定范围的非弹性变形区。通过初期支护提高围岩本身的自承能力，充分发挥对围岩的加固作用，组成围岩-支护体系。软弱围岩地段施工必须坚持"短进尺、弱爆破、强支护、早封闭、勤量测"的施工原则，初期支护紧跟掌子面。在浅埋、严重偏压、自稳性差的地段以及大面积淋水或涌水地段施工时，应按设计稳定地层，并采取相应措施，包括超前锚杆支护、超前小导管预注浆支护、超前管棚支护、超前预注浆、地面砂浆锚杆、地表注浆等。其中，前四项为稳定洞内围岩和开挖面的措施，后两项为稳定地面地层、防止地面下沉、滑塌以及在浅埋地段与洞内措施共同作用，稳定洞内围岩及开挖面的措施。

初期支护及超前锚杆支护如图 5-61 所示。隧道初期支护流程如图 5-62 所示。

图 5-61 初期支护及超前锚杆支护

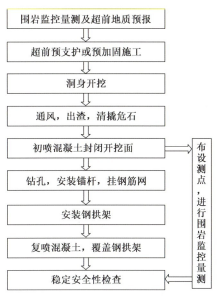

图 5-62 隧道初期支护流程图

昔榆高速公路隧道各级围岩初期支护均采用湿喷工艺喷射混凝土,利用湿喷机械手喷射混凝土混合料,采用机械搅拌,并拌和均匀,搅拌时间不少于 2min。隧道初期支护喷射混凝土由拌和站集中供应,采用具有自动计量的搅拌设备,其施工符合相关要求。喷射混凝土支护结构为整个隧道施工提供了初期的支护能力,具有安全性高、环保性好、效率高以及成本低的优点,显著提高作业循环速度,改善喷射混凝土结构密实性,降低施工成本。同时减少粉尘污染,保证人员本质安全,回弹量基本可控。湿喷机械手喷射混凝土施工现场如图 5-63 所示,喷射混凝土支护实测项目见表 5-13。

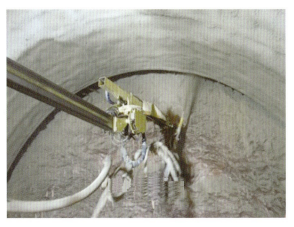

图 5-63 湿喷机械手喷射混凝土施工现场

喷射混凝土支护实测项目　　　　　　　　　　表 5-13

项次	检查项目	规定值或允许偏差	检查规定
1	喷射混凝土强度（MPa）	在合格标准内	凿孔法：每 10m 检查一个断面，每个断面从拱顶中线起每 3m 测一个点
2	喷层厚度（mm）	平均厚度≥设计厚度；60% 的检查点厚度≥设计厚度；最小厚度≥0.6 倍设计厚度	
3	喷层与围岩接触状况	无空洞，无杂物	
4	外观要求	无漏喷、离鼓、裂缝、钢筋网和钢架外露现象	

（三）研制应用二次衬砌喷淋养护台车

为快速、高效、安全、高质量完成隧道工程施工任务，确保混凝土养护到位，保证隧道外观质量，针对隧道养护施工存在的窘境，昔榆公司对现场施工工艺进行改进，研制应用了二次衬砌喷淋养护台车，形成了隧道无人值守智能养护台车施工技术。相比传统的人工配合雾炮养护衬砌混凝土技术，该技术解决了传统人工喷淋养护能到达的范围有限、人力资源配置多、劳动强度大、施工功效及资源利用率低且施工风险大等一系列问题。手机应用程序（App）可全程自动控制智能养护台车，根据隧道现场实际情况设置喷淋时间、停止时间，以确保养护路段混凝土表面一直处于湿润状态，避免因人工疏忽而造成养护不及时、不到位的现象，保证了养护质量。

二次衬砌养护台车所使用的高压喷淋装置设置在台车的顶部，喷淋装置包括若干喷淋口、传感器和定时感应开关，定时感应开关与传感器和喷淋口分别相连，定时感应开关接收传感器获取的参数，并控制喷淋口的启闭。喷洒水呈水雾状。喷淋装置能够实现均匀和适量多次喷洒，有效防止积水顺着混凝土流淌。水雾喷洒既节约水资源，又使得二次衬砌混凝土能够持续保持湿润，得到充分养护。同时，还能有效降低洞内粉尘浓度，改善作业环境。二次衬砌喷淋养护台车如图 5-64 所示。

图 5-64　二次衬砌喷淋养护台车

(四)隧道涌水综合治理

昔榆高速公路隧道工程涌水现象时有发生,其污废水产生的途径众多。污废水主要包括施工设备工作时产生的污水(如钻机在隧道洞口挖掘过程中会产生大量的污水)、隧道在穿越不同地质时产生的污水、爆破后用于降尘而产生的废水、在隧道进行混凝土浇筑过程中产生的污水等。涌水处理措施则主要包括超前围岩预注浆堵水、开挖后补注浆堵水、超前钻孔排水、坑道排水、井点降水等。

昔榆公司召开隧道施工涌水排放处置专题会议(图5-65),要求施工、监理单位按照"以排为主,防、截、排、堵相结合"的原则对隧道涌水进行治理。其中,"截"是指在洞顶、边仰坡顶施作截水沟;"排"是指洞口排水沟与路基边沟组成洞外排水系统;"堵"是指在裂隙地段,如遇地下水较大时,采取小导管注浆堵水措施,如遇涌突水,采用管棚注浆或深孔注浆,注浆材料选用水泥浆或水泥-水玻璃双液浆,并掺加防水剂,注浆参数经现场试验确定,以达到最佳注浆堵水效果。

图5-65 隧道施工涌水排放处置专题会议会议纪要

对于施工造成的废水和洞内渗漏水,在洞内两侧设置临时排水沟,隔段设置集水井,使洞内积水沿侧沟排至集水井内,再由抽水机抽至洞外污水处理池,经三级沉淀池沉淀净化处理后排至洞口河道内,实现循环利用,如图5-66所示。

(五)隧道污水处理水平管沉淀分离技术

在昔榆高速公路隧道施工中,隧道施工废水除为穿越不良地质单元时产生的涌水(包括孔隙水、裂隙水和岩溶水)外,主要还包括掌子面的钻孔废水,降尘、喷射混凝土及注浆产生的废水以及机械故障漏油。前者水质良好,符合隧道施工废水排放标准,但极易

图5-66 施工废水和洞内渗漏水的处置

受到其他类型施工废水的污染,因此,隧道施工过程中产生的废水大部分是对环境有害的。隧道废水一般呈弱碱性,含有高浓度悬浮物(SS),并有少量的化学需氧量(COD)、氨氮、石油类物质等污染物。因此,本着绿色环保、节约工程用水的理念,在昔榆高速公路隧道施工中应用水平管沉淀分离技术,对隧道施工过程中的废水进行净化,实现废水从"靠排放"向"循环再利用"的根本性转变。隧道废水处理工艺如图5-67所示。

图 5-67　隧道废水处理工艺

(六) 新能源电动摆渡车

新能源电动摆渡车是一种以电能为动力的轻型载客车辆,用于短途接驳交通。借助新技术和新材料,传统的可再生能源得到现代化的开发和利用,将来有望完全取代资源有限、对环境产生污染的化石能源。昔榆公司在中长隧道内配置新能源电动摆渡车,用于隧道封闭空间中的人员运输,方便施工人员进出,节能环保。隧道新能源电动摆渡车如图5-68所示。

与传统摆渡车相比,新能源电动摆渡车具有以下优点:一是无污染,噪声低。电动摆渡车不产生排气污染,对环境有益。据研究统计,每使用一辆新能源电动摆渡车,平均每年可以减少排放二氧化硫、氮氧化物等污染物100kg。同时,新能源电动摆渡车无内燃机产生的噪声,电动机的噪声也较小。二是能源效率高。新能源电动摆渡车能够回收制动时产生的能量,提高能源利用效率。新能源电动摆渡车的应用可有效降低对石油资源的依赖,将施工现场有限的石油用于更重要的方面。三是结构简单,维修方便。相比于传统摆渡车,新能源电动摆渡车的电动结构更为简单,运转、传动部件少,维修保养工作量小。

图 5-68　隧道新能源电动摆渡车

五　临建绿色施工

项目公司实行"管理+服务"的工作理念,秉承"因地制宜、合理布局、全线统一规划"建设理念,开展驻地建设,以工厂化、集约化、专业化、配送化为原则进行"三集中"场站建设,按照永临结合的原则开展临时电力、临时便道、临时水井等临时工程建设。临建绿色施工时,各施工单位和监理单位严格执行合同要求,以标准化、规范化、精细化为总体施工原则,积极采用标准化施工的机具设备、先进技术和新型材料,做好项目部驻地建设、工地试验室、拌和站、钢筋加工场、梁板预制场、小型构件预制场、隧道临建、施工便道及其他临时设施等场地建设工作,不断提升标准化管理水平,确保环保施工。通过全线广泛应用储料仓喷淋系统、扬尘在线实时检测仪、砂石分离机等新技术、新设备,促进施工现场环保管理,严格落实环境保护措施,减少对环境的影响。表 5-14 为昔榆高速公路临建绿色施工微创新技术汇总表。

昔榆高速公路临建绿色施工微创新技术汇总表　　　　表 5-14

序号	临建绿色施工技术	项目用途	预计实施效果
1	料仓分隔墙使用钢波板	拌和站料仓分隔墙	方便拆除,可重复利用,减少资源浪费,减少垃圾清运
2	高精度混凝土地坪收面技术	混凝土地坪整平	可不必进行后续砂浆找平层施工,节省材料及人工,减少施工工序,有效缩短工期,有利于现场文明施工
3	预制周转型混凝土临时道路施工	临时道路预制	有效缩短施工周期,且能反复周转使用,省去了后期临时道路凿除的费用,减少资源浪费
4	拌和站水泥罐加装除尘器	拌和站粒料罐打料时,粉状料在高压作用下通过排气孔排出	改善作业环境,防止粉尘排出,满足环保要求

续上表

序号	临建绿色施工技术	项目用途	预计实施效果
5	储料仓喷淋系统	降尘,抑制扬尘产生	覆盖面大,指定性强,保护环境,节约资源
6	粉料罐料位控制仪	解决粉状粒料超灌后对环境的污染问题,解决操作人员需人工敲击罐体了解料位的问题	防止粉状粒料超灌后喷溢,保护环境
7	密封固化剂地坪	有效解决钢筋加工场易剥落、易磨损及老化等问题	延长场地使用寿命,防尘效果佳,安全环保
8	箱式变电站	利用光伏发电系统及储能系统等微网系统,实现变电站自身用电的自平衡	有利于高压的延伸,减小低压线路的供电半径,降低电能的损耗;减少土建基础费用,缩短现场施工周期,创造良好的收益
9	太阳能光伏发电技术	太阳能路灯无须铺设电力管线	利用太阳能路灯装置,可为生活和工作提供照明,降低购买电力以及维护使用的成本,环保节能
10	LED新型节能照明灯具	全固体发光体,用于工程照明	改善生活工作环境,大大减少公路工程的照明成本和运行费用

除上述汇总的微创新技术外,临建工程中运用的新型绿色施工技术与措施包括以下5项:"三集中"场站建设、施工便道永临结合、施工用水永临结合、电力线路永临结合、混凝土拌和站废水回收利用。

(一)"三集中"场站建设

昔榆高速公路全线共设置17处集中化综合场站,可用作集中化拌和站、钢筋加工场、隧道钢材加工场。此外,新建6处小型拌和站、19处预制场、9处材料自加工场(大型材料自加工场1处、小型材料自加工场8处),全线设BIM展示中心1处、隧道专项安全体验馆1处、安全与环保综合体验馆1处、农民工集中管理点35处(新建27处、租赁8处)、炸药库10个、小型预制构件场2处。"三集中"场站鸟瞰图如图5-69所示。

图5-69 "三集中"场站鸟瞰图

选址时,拌和站建设按照工厂化、集约化、专业化、配送化的原则进行标准化建设,实现项目施工过程的"三集中",即混合料集中拌制、钢筋集中加工、混凝土构件集中预制,充分发挥集约化施工的优势。施工单位严格按照确定的方案设置水泥混凝土拌和站,若确因条件限制(如长隧道、跨大河等)无法满足要求需增设拌和站的,经昔榆公司批准后方可增设。拌和站建设综合考虑施工生产情况,合理划分拌和作业区、材料计量区、材料库、运输车辆停放区、集料堆放区、生活区。拌和站如图5-70所示。

图 5-70 拌和站

钢筋加工场建设按照山西路桥集团"三集中"管理的要求,选址除符合相关场站选址规定外,还应根据本标段的主要构造物分布、运输条件、通电和通水条件等综合选址。在条件允许的情况下,可与梁板预制场、混凝土拌和站合建。钢筋加工场实行工厂化管理,只要地形条件允许,原则上每标段只设置一座钢筋集中加工场。场区应按原材料堆放区、半成品堆放区、成品待检区、废料收集区布置,并设置明显的标识标牌。钢筋加工场及其分区布置分别如图5-71、图5-72所示。

图 5-71 钢筋加工场

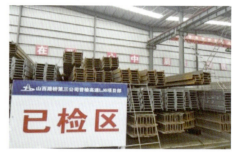

图 5-72 钢筋加工场分区布置

预制场选址除应符合相关场站选址规定外,还应以就近桥梁、便于梁板架设为原则,场区内应按办公区、生活区、构件加工区、制梁区和存梁区等科学合理设置。此外,预制场如设置在主线外,宜采用封闭式管理,四周设置围墙(绿网隔离栅),出、入口设置门楼。为便于集中管理、统一工艺,小型构件预制场划分为生产区、养护区、成型脱模区、成品存放区、模板晾晒存放区、模板清洗区 6 个功能区。每个预制场规划的梁板数量应不小于 300 片,建筑面积应不小于 6000m²;梁板数量大于 500 片时,建筑面积应不小于 8000m²。预制场如图 5-73 所示。

图 5-73 预制场

(二) 施工便道永临结合

昔榆高速公路所经村镇道路多,且多数道路坡陡、弯急、路窄,需经改造后才可以投入使用。故在修建施工便道、便桥时,昔榆公司深入贯彻利用和改扩建现有公路资源为主、新建为辅的思想:可利用原有道路的,充分利用原有道路;无法利用原有道路的,则结合地方公路网规划和农村公路建设计划,积极开展与地方政府的合作,即在施工现场内形成环形通道,使便道和地方道路形成路网,进而减少施工道路对土地的占用。据统计,昔榆公司新建施工便道161.39km,利用国、省、县、乡道共227.93km,形成了全长389.32km的施工便道,其中,主便道175.86km,支便道138.41km,材料运输便道75.05km,施工便道利用已有道路率达58.5%,见表5-15。

施工便道统计表　　　　　　　　　表5-15

便道名称	新建(km)	利用国、省、县、乡道(km)	合计(km)
主便道	57.78	118.08	175.86
支便道	103.61	34.8	138.41
材料运输便道	—	75.05	75.05
总计	161.39	227.93	389.32

在进行施工便道的设计时,昔榆公司合理安排施工时序,遵循先挖后填、先桥后隧的原则,结合施工仿真动画,修建了最短的进场支线。在利用国、省、县道时,宽度维持原有宽度不变,施工完毕后对原有路面进行恢复。在利用乡、村道时,若宽度不满足4.5m,则拓宽至4.5m,每300m设会车道一处,宽6.5m,视线不良路段则不大于200m设一处,在弯道处或陡坡段增设错车道,施工完毕后对原有路面进行恢复。

对于新建施工主便道,应尽可能靠近目标工点,在满足纵坡要求及运输安全的前提下,尽量缩短修建长度。新建支便道宽度为3.5m,每300m设会车道一处,宽6.5m,视线不良路段则不大于100m设一处,在弯道处或陡坡段增设错车道。对于施工便道,最小曲线半径为20m,极困难条件下为15m。施工便道的最大坡度,一般情况下为8%,极困难条件下为10%。如果新建施工便道与机耕道路相结合,完工后则交付当地使用,减少日后复垦。

此外,施工便道的路面采用砂砾或工业固废材料硬化,厚度为15~20cm。与国、省道相接的20m段,采用15cm厚C15混凝土硬化过渡。便道两侧设置排水系统,在汇水面积较大的低凹处设置涵洞,以满足排水泄洪要求;应及时修复路面坑槽、清理排水沟和涵洞的淤泥、杂物,保障便道、便桥的畅通。工程完工后,项目部应将施工便道及便桥拆除。施工便道专项整治如图5-74所示。

(三)施工用水永临结合

对于昔榆高速公路沿线严重缺水且无法利用河流水源覆盖的施工区域,在保护地下水的基础上,以永临结合的方式,共规划5处水井,分别位于"三集中"场站、1号拌和站、1号预制场和2号预制场,用于混凝土拌和以及项目生产、生活用水和施工用水,其他工程部位用水需要通过水车进行配送。此外,为满足施工需要,施工单位合理选址修建高位水池或采用变频高压供水装置。工程完工后,水井可用于服务区、站所及隧道消防永久取水。

图 5-74　施工便道专项整治

(四) 电力线路永临结合

昔榆公司充分考虑施工期、运营期的电力使用需求,采用集中供电方式,统筹考虑施工用电与永久用电,临时用电的架设按照永久用电线路标准进行。同时,在利用永久用电架设基础上,还结合临时用电点及容量,通过新建补充专线及改造现有农网线路等方式解决临时用电问题。昔榆公司结合电网现状和负荷情况,建立了 3 座 35kV 变电站、3 条 10kV 线路作为正式供电方案(10kV 线路工程不包含箱式变电站及配电室)。施工任务结束后,约有 166.12km 线路作为运营期永久用电线路使用。施工期架设的永久用电线路如图 5-75 所示。

图 5-75　施工期架设的永久用电线路

架设电路时,电气设备按安全生产要求进行标准化安装,所有穿过施工便道的电力线路采用从硬化地面下预埋管路穿过或架空穿越的形式。通过编制科学合理的用电施工方案,规范布置配电线网,合理选材配线,避免因电流密度过大或电阻过大而造成电能浪费。同时,采用能效比高的用电设备,使用智能型荷载限位器,现场配备大功率用电设备控制装置。此外,加强用电管理,施工区、生活区有专人管理照明灯具,宿舍采用智能化开关控制用电。

(五)混凝土拌和站废水回收利用

对于项目驻地、场站设施产生的生产、生活废水,昔榆公司全面规划排水方案,要求所有废水不得直接排入市政污水管网,必须通过搅拌机前台、混凝土输送泵或运输车辆清洗处设置的沉淀池进行沉淀后循环利用。污水处理采用多级沉淀池过滤沉淀,处理工艺流程为污水→收集系统→多级沉淀池→沉淀净化处理→排入河道,后期可将其用于物料搅拌或洒水抑尘。通过设立三级沉淀池,做到施工现场无积水、排水不外溢、不堵塞、水质达标,实现废水零排放及回收再利用,极大程度减少对当地环境的污染和破坏。三级沉淀池如图5-76所示。

图5-76 三级沉淀池

六 附属工程绿色施工

在附属工程中,项目各参与方针对交安、机电工程,推行节能环保施工理念,开展联合设计,优化附属工程设计方案。一是机电工程采用直流供电系统(图5-77),节约电量5%~10%,减少碳排放。二是隧道内采用消防水泵转输水箱串联供水方案,增设2处稳高压供水系统,解决特长隧道管网超压问题,提高消防供水可靠性。三是交安工程选用风光互补标识标牌,降低能耗,延长使用寿命。

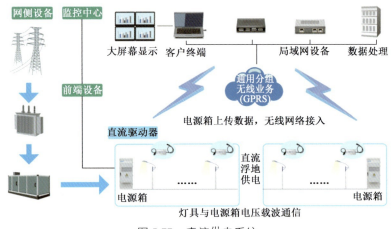

图 5-77　直流供电系统

第三节　绿色施工成效

一　显著降低施工管理成本

（一）降低施工成本

采取集约化、工厂化的方式建立"三集中"场站，大幅度减少建筑垃圾，有效节约土地资源，降低临建成本。施工便道、施工用水及用电等的永临结合实现了永久工程的提前投入使用，大大减少了施工过程的成本投入，提高了资源配置效率，降低了运输成本。

（二）降低养护维修成本

昔榆高速公路绿色公路示范工程建设过程中，应用温拌沥青等施工技术，可大幅提高路面的结构耐久性，降低冬季低温冻害、融雪剂使用等对路面造成的影响。同时，延长路面使用寿命，有效减少后期养护维修的经济和人力投入，减少路面封闭维修造成的经济损失。

（三）降低公路运营成本

通过箱式变电站、太阳能光伏发电技术、LED新型节能照明灯具等的应用，充分利用太阳能等清洁能源，节约运营期电能消耗，降低碳排放。同时，采用三级沉淀池回收利用混凝土拌和站的废水，降低运营成本，保障处理效果，避免了排污处罚等经济损失。

二　有效加强生态环境保护

（一）保障生态系统稳定

应用植物边坡工程技术、聚能水压光面爆破技术，对隧道洞口进行开挖并做好相应防护，实现对沿线动植物和土壤资源的保护与生态恢复,最大限度降低公路施工所引起的植被和动物栖息地破坏和水土流失。这也有效维护了路域影响范围内生态系统的稳定和生物多样性。

(二)节约环境资源能源

严格施工现场封闭管理,在重点区域配备拌和站水泥罐加装除尘器、储料仓喷淋系统、粉料罐料位控制仪等系统设备,并对桥梁桩基进行旋挖法及反循环回转施工,实现了环境友好型施工。通过应用弃渣砂岩碎石生产技术与循环流化床锅炉砂岩碎石生产技术,实现工业固废与道路弃渣的综合利用,实现资源节约。同时,通过对隧道涌水的治理,综合利用产生的污废水,产生良好的环境效益。

(三)加强景观融合

应用三维植被网种植技术、喷混植生防护技术等边坡防护技术,将绿色发展理念融入公路绿色施工,加强公路沿线自然景观与人文景观的融合。坚持节约优先、保护优先、自然恢复为主的方针,营造"车在路上行,人在画中游"的美好意境,全力打造具有地域文化特色的原生态高速公路绿色走廊。

三 大幅提升可持续发展能力

(一)促进区域经济发展

积极推动弃渣砂岩资源化利用、预制装配式通道涵洞关键技术等多项绿色课题研究,激发市场主体创新活力,推动绿色低碳关键技术突破和创新应用。绿色施工将区域沿线旅游资源进行线性整合,提升旅游品位,推动绿色产业实现高质量发展,同时促进区域经济发展。

(二)引领交通运输转型升级

通过示范工程建设,将公路规划、设计、施工与沿线旅游资源开发有机结合,合理保护沿线丰富的人文和自然景观资源。同时,通过绿色施工,最大限度发挥公路旅游功能,实现了从"旅游公路"向"公路旅游"建设理念的转变。

(三)扩大交通科技影响力

通过科技示范路实施,拓展科技成果转化途径,提高科技成果对交通运输行业创新发展的贡献率,以及社会公众对交通科技成果的认知度。同时,通过绿色施工,扩大了交通科技的影响力,对山西省公路工程建设技术水平的提高具有重要推动作用。

第六章
CHAPTER 06

绿色养护

第一节 绿色养护概述

一 绿色养护定义

绿色养护是在传统养护施工的基础上,运用科学管理手段和先进检测、维修技术,在保证公路养护质量和安全的同时,按照新发展理念的要求进行创新和提升,以此实现公路长期高水平服役的一系列养护活动。绿色公路养护是人、物、环境相互作用与影响的。对于人,要求人性化、智能化与服务提升,以满足绿色公路安全、舒适、便捷、美观的品质要求;对于物,要求节约集约利用,以满足绿色公路节地、节水、节材、节能的可持续理念;对于环境,要求最大程度保护、减少污染,以满足绿色公路环境保护、节能减排的美好愿景。

绿色养护追求高效、低耗、环保的综合效益,贯彻修旧利废、节约资源、保护环境、安全运营、提升服务的思想。在养护过程中,以质量和安全为前提,通过新材料、新工艺、新技术、新设备、新能源的应用与管理创新,以实现控制资源占用、减少能源消耗、降低污染排放、保护生态环境、拓展公路功能、提升服务水平为目标,确保公路养护与环境保护共同发展,最大限度地保护环境、最高效率地利用资源、最快速度地恢复生态平衡。

二 绿色养护特点

(一) 及时快速

高速公路的养护管理是必要性的工作,直接关系着高速公路长效发挥作用,也关系着运营安全。为更好提升养护管理质量,应制定科学的养护管理方案,明确养护管理的方法和原则,确保养护管理工作及时到位。同时,应确保养护管理的快速性,一旦发现问题,应及时整治和处理,避免危害扩大。

(二) 动态长效

公路设计、施工是传统公路建设的主要部分,而随着绿色设计、绿色施工等全寿命周期理念的不断深入,绿色公路建设逐步向养护阶段覆盖,相关绿色技术更是有着巨大的发挥空间。绿色公路养护是绿色公路发展全寿命周期中重要的一环,是公路绿色设计理念、绿色施工执行情况的外在表现,体现和反馈了绿色公路的最终成效。

(三)生态环保

加大植被保护与恢复力度,采取有效措施对公路周边的自然地貌、原生植被、表土资源、湿地生态、野生动物等进行保护。提高废旧材料的回收利用率,减少资源消耗,强化对生活垃圾、废渣污水的环保处理,降低交通基础设施维护和运营对生态环境的影响。生态环保相关的技术研究和应用推广是推进公路绿色养护的重要力量,能够有效降低养护成本,提升环境保护能力及绿色养护水平。

三 绿色养护原则

(一)坚持统筹协调原则

以安全出行为根本,统筹公路养护的外部安全和内部安全,按照预防为主、综合治理的方针,推动安全养护规范标准落地,强化公路养护安全保障体系,构建安全至上的体制机制。运用新材料、新工艺提高道路安全性,提升养护标准化、安全标准化。丰富养护供给模式,提高养护供给能力,促进养护专业化、规模化。科学有序统筹安排公路养护工程,提升公路养护技术状况。

(二)坚持可持续发展原则

牢固树立生态优先理念,强调节能减排和生态功能恢复。围绕"双碳"目标,在公路养护阶段,强化节能减排,节约集约利用资源,促进资源循环利用。加强生态环境保护,统筹资源利用,推进绿色服务区建设,深化全寿命周期养护发展理念,建立健全绿色低碳循环发展的公路养护体系,推动形成人与自然和谐发展的现代化养护新格局。将绿色发展理念融入公路养护周期之中,从细节入手,从小事抓起。

(三)坚持因地制宜原则

准确把握当地环境和情况特点,明确项目定位,确定突破方向,开展有特色、有亮点、有品位的公路工程绿色养护。逐步完善公路养护科学决策制度,建立以环境影响、路况水平、服务能力、投资效益等因素为依据的养护决策机制。初步实现在最佳时间对最需要养护的路段,采取最恰当的措施进行养护,提高养护资金使用效率,降低养护活动对环境的影响。加快构建公路养护科学决策体系,形成更加智慧、更加精准的养护决策模型和工作机制。持续开展公路长期性能研究,加快形成公路主动养护技术体系。强化工程养护规划,加强检验评定,保证公路状况时刻处于良好状态。

(四)坚持智慧创新原则

适时应用"四新"技术,提升公路综合服务能力。"四新"技术的研究、应用与推广是推进公路绿色养护、科学服务的重要力量,能够有效降低养护成本,提升环境保护能力。为此,加大新一代信息技术与公路基础设施的融合发展,推广基于人工智能的自动化巡查、基于物联网的养护工程质量管理等智能化应用。持续完善路网运行监测体系,推动路网运行感知、交叉调制等设施与公路基础设施建设改造同步规划、同步实施,提升监管和服务效能。

第二节 绿色养护技术与措施

昔榆公司在运营期将全面贯彻全寿命周期养护理念,遵循决策科学透明、管理规范到位、作业标准及时的原则,从开通运营之日起即做好公路养护,科学设定养护目标,做到适时维修、尽早预防、合理修复,通盘考虑全寿命周期内高速公路技术指标、通行服务能力和养护成本,实现效益最大化。同时,在运营期,昔榆公司将采用先进的检测技术对路况进行检测分析,编制预防性养护计划,延缓道路老化,延长道路使用寿命。

一 路基养护

路基养护是保证路基及其附属设备处于坚固和稳定的状态,确保车辆畅通无阻的一种经常性的养护工作,包括日常检查和观察路基各部分的变形,及时预防和整治病害。在运营期,昔榆公司路基养护工作计划包括以下三个方面。

(一)排水管渠养护措施

路基排水管渠能够及时将雨水排出路面,避免水渗入路基后增加路基的湿度,进而导致路基应力性质改变,产生凹陷、塌方、裂缝等问题。昔榆公司加强日常的养护巡查力度,定期清掏雨水口、检查井积泥,定期疏通排水管渠,定期整修排水明渠并清除污泥,并经常巡视污水排放口,防止排放口被垃圾堵塞,保证流水畅通。及时对出现缺陷的管渠结构进行修补,防止雨水冲刷缺口引发大规模的沟渠损坏。昔榆高速公路排水管渠养护措施如图6-1所示。

图6-1 昔榆高速公路排水管渠养护措施

(二)路肩养护措施

路肩是维持路面结构稳定的关键部位,也是公路交通中车辆临时停靠的地方,对其进行有效养护十分重要。在运营期,出现裂缝的路肩部位要及时修复与处理,并使路肩具有一定的横向排水坡度。当产生车辙或者沉陷时,应随时平整以防发生交通事故,必要时采用混凝土加固,防止路肩部位在极端天气条件下突然发生塌陷。路肩周边可以适量栽种植被,不仅可以提升绿化效果,还可以防止在雨水冲刷下路基周边发生土石流失,但需对植被按时修剪,不使其积水,必要时进行施肥、补植、浇水等工作。

(三)路边养护措施

针对公路两旁路边的养护,计划有草皮路段维护手段与路肩维护一致,干草随时清除以防火灾。对于妨碍视距的树丛,应加以修剪。岩石松动之处,必要时可用混凝土铺补或设立金属网以防坠落到路面上。另外,使用专用的机械对路旁行道树、绿化定期进行修整、喷药、补栽等。路边养护如图 6-2 所示。

图 6-2 路边养护

二 路面养护

路面养护在公路养护工作中占重要地位,其养护的工作内容随路面的种类不同而有所不同。综合考虑昔榆高速公路的交通需求和车型结构,计划在利用冷再生技术、雾封层技术以及填封裂缝技术的基础上,对微表处、含砂雾封层、碎石封层、复合封层、超薄罩面、薄层罩面等使用预防性养护措施。

(一)沥青路面冷再生技术

在高速公路养护施工过程中,通过重复利用之前的道路材料,不仅能够达到理想的公路路面养护效果,还能够达到理想的节能减排效果。沥青再生技术在高速公路养护中的应用,不仅能够减少公路养护的材料消耗、节省投资,在养护过程中还能实现理想的环境保护作用。为此,昔榆公司在路面养护中广泛应用沥青路面冷再生技术。

沥青路面再生技术就是将旧沥青路面二次利用,通过添加再生剂、新沥青材料等,恢复部分回收沥青路面材料(Reclaimed Asphalt Pavement,RAP)的原有性能,将资源最大化利用的养护技术。该技术不仅能够节约资源、缓解公路养护资金短缺矛盾,而且符合我国节能环保、可持续发展的要求,因此,对废弃旧料的再次利用已成为我国高速公路养护发展的重要趋势。

对于沥青路面再生技术,《公路沥青路面再生技术规范》(JTG/T 5521—2019)将再生技术分为5类,分别是厂拌热再生、就地热再生、厂拌冷再生、就地冷再生和全深式冷再生,通常统称为热再生和冷再生,其旧料利用率、环保性、技术性对比见表6-1。其中,热再生技术是将回收的RAP加热后通过修正级配、添加再生剂以及补充新沥青,使回收料成为优良的再生沥青混合料的工艺。热再生在重新拌料时需要较高的加热温度,会产生较为严重的污染。冷再生技术则是对旧沥青路面铣刨、破碎、筛分后,按一定比例添加新集料,以乳化沥青或泡沫沥青、水泥等为胶结料进行常温拌和,进而铺筑路面结构层的再生技术形式。相比之下,冷再生技术因其无须加热的特点和较高的RAP掺量,更符合我国绿色养护发展要求。

冷再生技术与热再生技术性能对比 表6-1

序号	技术名称	旧料利用率	环保性	技术性
1	厂拌热再生	20%~40%	拌和楼加热 CO_2排放量高	运输费用及时间成本高
2	就地热再生	75%~85%	就地加热 空气污染严重	仅用于上面层 使用寿命短
3	厂拌冷再生	50%~80%	无须加热 拌和楼拌和	运输导致破乳时间不一致, 易产生离析
4	就地冷再生	100%旧料利用	无须加热 常温就地施工	抗反射裂缝能力强 施工和易性好

冷再生技术更环保的原因在于其在再生过程中使用乳化沥青或泡沫沥青替代了普通沥青。因此,昔榆公司选择乳化沥青厂拌冷再生技术和泡沫沥青就地冷再生技术完成昔榆高速公路的日常养护工作。

1.乳化沥青厂拌冷再生技术

昔榆公司在对高速公路的基层路面进行养护时,采用乳化沥青厂拌冷再生技术。乳化沥青是沥青和乳化剂在一定工艺作用下,生成水包油或油包水的液态沥青。常温下保持液态的乳化沥青与石料拌和后,在水的蒸发作用、吸附作用、物理化学作用等多种因素的影响下产生分解和破乳现象,从而使得乳化沥青逐渐转变为固态。乳化沥青厂拌冷再生技术作用机理如图 6-3 所示。

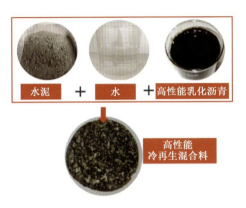

图 6-3　乳化沥青厂拌冷再生技术作用机理

乳化沥青厂拌冷再生技术在昔榆高速公路养护作业中的运用(图 6-4),有效满足了路用性能要求,同时解决了道路旧料浪费的问题。乳化沥青厂拌冷再生技术具有降低工程造价、环境污染小、能源消耗少、社会经济效益好等显著优点,是一种资源节约型和环境友好型技术,有利于促进公路养护绿色高质量发展。

图 6-4　乳化沥青厂拌冷再生技术养护作业

2. 泡沫沥青就地冷再生施工技术

昔榆公司将泡沫沥青就地冷再生施工技术应用于半刚性基层和柔性基层养护作业。该技术是在充分利用旧铺层材料的基础上,添加部分新集料及一定比例的添加剂,充分拌和后形成一种全新的材料,将其重新摊铺在路面,经碾压成型后形成能够承受一定荷载的路面结构层。其中,就地冷再生层作半刚性基层,主要是在原沥青路面铣刨破碎后,加入部分粗集料或细集料,并且按一定比例加入一定掺量的水泥或水,然后继续完成铣刨、破碎、拌和、摊铺及碾压等工序,最终形成的结构层可以直接作为路面基层。而其作柔性基层,主要是在就地冷再生半刚性基层施工工艺的基础上加入泡沫沥青作为添加剂。

泡沫沥青是通过物理变化降低沥青黏度，与乳化沥青相同，二者的最终目的都是实现沥青材料和冷集料的均匀拌和，形成材料强度。泡沫沥青就地冷再生技术作用机理如图6-5所示。

图6-5 泡沫沥青就地冷再生技术作用机理

泡沫沥青就地冷再生施工技术中的关键机械是冷再生机。施工参数包括作业功率、作业宽度和作业深度，其操作要点有以下4项。

一是撒布细集料和添加剂。就地冷再生施工开始前，施工人员需要根据沥青再生层厚度计算每平方米的材料用量，再将细集料、石屑、水泥等材料运输至施工现场，并根据事先规划好的方格网将细集料和其他材料均匀撒布在方格网内。每次撒布量以满足次日再生任务为准，同时要对运输水泥的车辆做防水处理，以免水泥变质。

二是冷再生机组就位。作业前，施工人员需检查冷再生设备状况，并将所有管道相连，将施工参数输入计算机中。施工人员还需要将再生机械内气阀中的空气全部清除，保证所有阀门均处于打开状态，并对施工中配合使用的其他机械进行全面检查，确保整个作业过程不间断。此外，施工人员还需要检查洒水车水量是否充足，路段导向标志是否明显，以免施工时出现错误。

三是旧沥青路面铣刨与拌和。再生机械每次作业的再生长度必须保证在水泥初凝前可以完成全部作业任务。施工条件良好时，再生长度可以适当增加，有效减少横向裂缝，一般再生长度以150~250m为宜。作业过程中，施工人员应及时检查铣刨刀架、刀头，如有损坏应及时更换。

四是整平、碾压。施工人员需要根据铣刨摊铺的路宽、压路机的轮宽和轮间距等参数制定相应的碾压方案。路面两侧较路中央应多碾压2~3遍，再生机械铣刨作业时，后面应紧跟一台单钢轮的振动压路机进行初压，高幅低频碾压3~4遍，碾压速率不应超过3km/h。碾压遍数根据再生层底部的2/3厚度范围来确定，以确保其质量符合要求。测量人员需及时监测纵断面的高程和横坡度，通过对旧沥青路面整形的方式实现"调坡"和"调拱"，以确保压实成型后的路面具有较好的平整度。

在昔榆高速公路的养护作业中，泡沫沥青就地冷再生施工技术的使用能够让公路基层下面的材料厚度进一步提升，也能够使集料后期的烘干和加热过程得到有效完善。充分利用旧的铺层材料，无须任何原材料的运输（除少量的添加剂外），且其不需要对原材料进行加热，也不用对其进行废弃处理，能够有效减少材料的使用量，更好地保护环境，真正达到节能目的。泡沫沥青就地冷再生施工技术养护作业如图6-6所示。

（二）雾封层技术

在长期使用过程中，高速公路会出现不同程度的问题，尤其是出现轻微的龟裂和细纹，会直接影响路面的渗水能力,给路面带来严重损伤。为解决这一问题,昔榆公司应用雾封层技术,该技术的工作机理如图6-7所示。在雾封层技术的应用过程中,需要借助喷洒流体的方式对沥青路面进行调整,保证材料全部渗入裂缝中,帮助修复基本的道路表面,实现沥青黏附力的全面提升。

 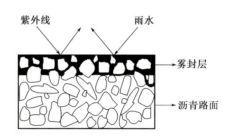

图6-6　泡沫沥青就地冷再生施工技术养护作业　　图6-7　雾封层技术工作机理

雾封层技术需要采用机械式的喷射式路面修补方式,保证在短时间内达到修补路面的目的,在节省时间的同时,也能够减少人力投入。在喷洒的过程中,通过不断对沥青进行乳化处理,修补水泥和沥青路面中的裂缝。

(三) 填封裂缝技术

昔榆公司通过裂缝填封实现对宽度较大缝隙的填补、对细小裂缝的密封。裂缝填补在材料选择中应强调绿色环保性与价格低廉性,利用新材料、新工艺对路面上的坑槽空洞进行填补,避免路面损害部位不断恶化。裂缝填封施工的主要目的是增强公路路面的密实性,降低雨水的渗透效应,避免发生路面湿滑问题,从而提升汽车行驶安全。

路面养护工作的特点是量小且分散,因此昔榆公司所使用的养护材料的加工和处理均极为方便;养护工具小巧灵活,噪声小;养护方法快速安全,基本不影响交通;养护警示标志昼夜鲜明,防护到位,避免发生交通事故。

(四) 沥青路面精细表面处理预养护技术

沥青路面精细表面处理预养护技术简称精表处,是昔榆公司在同步碎石封层技术基础上,结合含砂雾封层、微表处等技术优势研发的新型道路预防性养护技术。主要是使用同步车将改性环氧沥青养护剂喷涂于旧沥青路面上,进行渗透吸附,弥合微裂缝,配合特制精砂或集料,通过环氧固化反应后于沥青路面上形成一层超薄、耐磨、抗滑的保护层,实现道路的养护与修复。精表处后路面结构示意如图6-8所示。

该技术使用的原材料为典型的环氧胶黏剂,向下可渗入原路面的缝隙内,形成防水性能优良的防水层,向上将不同级配的集料黏结成一体,形成耐磨性能优良的上封层,为道路预防性养护提供新技术。在路面养护中采用该技术的主要优势在于,其在微表处的基础上引入的环氧体系,赋予了材料较强的黏附性和耐磨性,充分吸收了雾封层、微表处、薄层罩面等技术的优势,解决了目前养护材料与道路面层间黏附力不足而导致的耐久性差、易脱皮等问题。

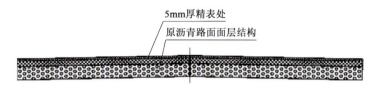

图 6-8　精表处后路面结构示意图

(五)环氧表面处理预养护技术

环氧表面处理预养护技术是目前比较先进的养护技术之一。该技术是在行车通顺的公路路面出现病害之前,对路面进行环氧表面养护封层的处理。处理工作往往需要借助专门的同步封层车,将底层胶结料等核心材料摊铺在公路路面上,以免在后续操作中使路面结构遭受破坏。实际处理时,需要将"三油两砂"即下层集料、中层胶结料等多种材料按照顺序摊铺到原有路面上,依靠多次碾压,使得路面形成一层抗滑保护层,保障行车安全。环氧表面处理预养护技术路面结构示意如图 6-9 所示。

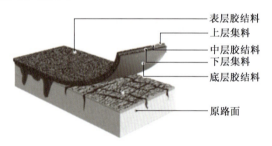

图 6-9　环氧表面处理预养护技术路面结构示意图

实际应用表明,由于其底层胶结料中含有优质的环氧树脂,再加上环氧复合改性的技术加持,使得胶结料具有极强的黏附性和强度,解决了原有路面容易出现的保护材料黏附力不足、使用易脱皮等问题。在实际使用中,该材料还具有高稳定性、不受高程及自重限制等特性,能够在路面养护中实现较高的使用价值。昔榆公司使用该技术对路面进行预养护,提高路面行车质量,恢复提升路面抗滑性能,实现效益最大化。

三　桥梁运维养护

若要切实提高公路桥梁的使用寿命及质量,就必须对公路桥梁进行定期养护和维修加固,及时发现公路桥梁可能存在的病害问题,并对其进行处理,确保这些小的病害不会对公路桥梁的正常使用产生影响。为了更好地提高公路桥梁使用的耐久性,昔榆公司计划采用以下方法对公路桥梁进行养护。

(一) 填充裂缝技术

在公路桥梁养护和维修加固施工中,针对公路桥梁出现的裂缝问题,昔榆公司将采用以下技术措施。一是表面处理和喷涂技术。对公路桥梁的裂缝位置填充防水材料,避免因自然环境因素对其造成二次腐蚀。此外,对于公路桥梁表面的小裂缝,需使用喷浆进行修复,喷浆的黏性必须满足施工要求。二是注浆技术和填充技术。注浆技术是利用水泥泥浆或环氧树脂材料来填充裂缝;填充技术则是将填补剂填入到裂缝中,主要用来处理公路桥梁表面的较大缝隙。三是黏结钢板封闭技术。此技术主要用于处理公路桥梁工程中的钢筋混凝土裂缝,需粘贴钢板,以提高公路桥梁的承载能力。桥梁填充裂缝如图6-10所示。

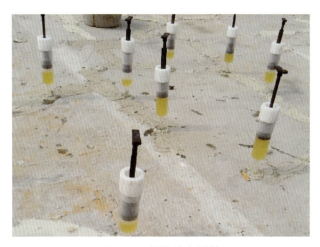

图 6-10　桥梁填充裂缝

(二) 铺设复合材料

为提高公路桥梁养护和维护加固施工的质量,除充分利用科技手段外,还充分使用复合材料。将复合材料应用于公路桥梁结构中,能有效提升公路桥梁的抗腐蚀性,增强公路桥梁的韧性,强化公路桥梁的承载能力。常见的复合材料有两种,即碳纤维和玻璃纤维。这两种复合材料容易被提取,成本较低且使用便捷。玻璃纤维是一种性能优异的无机非金属材料,具有绝缘、耐热、抗腐蚀、机械强度高的特点。在公路桥梁建设完工开展养护工作时,可在混凝土结构表面铺设玻璃纤维材料,设置玻璃纤维保护层,以有效调整公路桥梁的荷载能力,延长公路桥梁的使用寿命。

四　隧道养护

隧道周边地下水道分布密集,随着地下水的渗漏,隧道边壁易出现水害现象,影响隧道内的交通安全。另外,隧道衬砌的裂损问题对隧道整体结构的威胁性较高。因此,昔榆公司计划从以下方向开展隧道的养护工作。

（一）机电设施养护

隧道内的通风设备、照明设备和通信设备等，均属于隧道机电设施的范畴。在特定的情况下，隧道内的机电设施能够起到安全防范作用，确保公路隧道交通功能的常态化。因此，公路隧道养护应当包含对机电设施的养护。在昔榆高速公路的隧道养护工作中，管理部门将对隧道内所有机电设施的养护工作作出全面规划。相关技术部门将以隧道内机电设施的分类作为技术选择依据，并根据设施养护工作的需求，确定隧道的日常养护周期。

（二）土建结构养护

当高速公路通车运营后，可能会出现公路隧道路堤变形、隧道衬砌开裂、隧道排水设施受阻等问题，而隧道出现问题的关键原因大部分与其土建结构有关。因此，昔榆公司从隧道的土建结构出发，提前选择适当的公路隧道工程养护技术，制定隧道设施的养护技术方案。针对隧道土建结构已经出现的问题，在养护技术的选择上，以修补隧道结构问题、保证隧道结构完整性为目标。例如，使用填料填充部分路段的土层空洞，消除地基下沉问题的影响，通过安装隧道结构支护设施，提高部分路段边壁的稳定性。同时，组织相关技术人员判断公路隧道内可能存在的隐患，并提前采取防治措施，降低公路隧道发生问题的概率。

第三节　绿色养护成效展望

提升经济效益

昔榆公司在公路尚未出现任何迹象时，便对其进行预防性养护，以延缓道路性能的恶化，延长使用寿命。具体而言，昔榆公司通过预防性养护，从源头上控制住后期的养护成本，提升经济效益。同时，加强养护巡查，抓好日常控制，增强路面耐久性，进而延长使用寿命。

促进创新发展

在公路养护中，科学创新的技术方法是保障公路养护质量的重要手段，"四新"技术的推广应用以及新型养护材料的研究推广,有效助力养护创新技术的发展,同时提高路面耐久性,延长公路使用寿命。公路养护管理工作中,昔榆公司积极推广养护新技术与新工艺、落实绿色公路环保措施,提高了昔榆高速公路的养护管理水平,为公路环保工作贡献力量。

三 推动绿色发展

昔榆公司用"绿色"为传统养护工作赋能,在公路养护工作中贯彻环境保护、资源节约、节能降碳、循环再生、经济高效的原则,构建低消耗、低污染、高效率的施工新模式,推进新技术、新工艺、新材料、新设备研究应用,在开发节能、环保、能耗低、适用性强的多功能养护机械设备方面成效显著。

树立绿色养护理念,助力公路养护领域节能降碳,促进绿色低碳公路养护技术和工艺的发展。按照绿色养护的理念,推行更加高效、开放、主动的工作方式,有效协调小修保养和大中修工作的关系、路政与养护管理联动工作的关系、行业监管与行业培育辅助发展的关系、公路养护经济效益与社会效益的关系,实现公路养护的规范化、制度化、科学化和精细化。

四 实现管养一体化

昔榆公司在建设期已经考虑到养护阶段的工作,突出全寿命周期理念,将公路运营和维护纳入工程设计与建设一并考虑,突出全寿命,强调系统性,强化结构设计与养护设施的统一。积极应用高性能混凝土,保证结构使用寿命,有效降低公路运营养护成本。以科学养护为统领,注重公路设计与建设的前瞻性,统筹考虑后期养护管理的功能性需要,做到可达、可检、可修、可换,提高日常养护维修工作的便利性与安全性,实现公路养护的良性循环。

从公路全寿命周期的观点来看,运营和养护周期占了全寿命周期的绝大部分时间。昔榆公司发展绿色养护模式,使得昔榆高速公路的养护管理更适应绿色转型升级与创新发展的需要。同时,昔榆公司建立有效的节能减排工作机制、低碳节能的养护运行机制,全面提高养护效率,有效提升管养质量,促进昔榆高速公路管养一体化建设发展。

第七章
CHAPTER 07

绿色运营

第一节 绿色运营概述

一 绿色运营定义

绿色运营是指在高速公路建成使用后,将可持续发展理念和绿色理念运用在运营过程,确保在公路的全寿命周期内最大程度地保护环境、最大限度地有效利用资源(节地、节水、节材、节能)、最快速度地恢复生态平衡,为人们提供安全、舒适、快速、便捷的出行,与自然和谐共生。

公路建成使用后,紧接着便是整个工程系统寿命周期中最漫长的阶段,即运营管理阶段。该阶段持续时间长,往往达到几十年,甚至百年以上。该阶段对工程整体价值的实现具有关键性作用,需要在长时间内满足人们的需求。在运营管理阶段,与一般公路的运营管理相比,绿色公路更加注重运营期的环境管理。因此,昔榆公司积极响应国家政策,在建设期对运营方案做了充分规划,重视绿色智慧技术的应用和建管养一体化,通过资源整合,同步建设光伏发电、充电桩等配套设施,不断优化高速公路服务水平。

二 绿色运营特点

(一) 动态长效

绿色公路运营管理的时间相对较长,如果要落实绿色高速公路的真正意义,必然方式便是在全寿命周期实现绿色运营。为更好提升运营管理质量,应制定科学的运营管理方案,明确运营管理的方法和原则,确保运营管理工作及时就位、动态长效。

(二) 生态保护

正视、尊重自然,并充分肯定自然的价值,是昔榆公司绿色运营的首要特点。该特点强调绿色运营应减少对环境的干扰与破坏,注重展现自然美。为此,昔榆公司在运营中同样遵循"将对自然环境与生态系统的破坏降至最低"的理念,保持生态系统的平衡和稳定,真正做到自然环境与公路运营和谐发展。同时,昔榆公司倡导充分利用物质与能源,使有限的资源能够"物尽其用",实现资源的可再生循环利用。

(三) 防治结合

昔榆公司坚持预防为主、防治结合、因地制宜、因害设防、突出重点、合理配置、注重效益，将"不破坏就是最大的保护"理念贯穿昔榆高速公路的整个运营期。积极开展对生态脆弱区域的重点监测，提前防范运营期内可能出现的风险因素和不安全事故，同时治理各种可能出现的环境污染、资源浪费、能源消耗等问题，注重防治结合。

绿色运营原则

(一) 坚持统筹协调原则

绿色公路运营还应控制成本，并统筹公路与经济社会、资源环境协调发展。绿色公路的全寿命周期成本思想是在公路寿命周期内尽量降低资源的消耗，并提高公路服务效能。对土地沿线资源进行分析，择优选择运营方案或经济措施，正确处理效益与成本的关系，即在追求经济效益的同时付出最小的成本，达到二者的最佳结合。昔榆公司通过推进路域资源的综合开发，实现沿线土地资源的最大化利用，进而达到运营期间投入少而收益多的效果，实现了运营成本低和经营收益高的双重目标。

(二) 坚持可持续发展原则

绿色公路是环境友好型公路，环境友好涉及的对象包括大气、水、声、生态等环境因素。因此，绿色公路运营应全过程综合考虑这些环境因素。绿色公路也是资源节约型公路，绿色公路运营中资源节约的对象是能源、土地、材料等主要资源。为此，昔榆公司在运营期间将充分利用环保材料、环保工艺，将社会经济活动对环境的负荷和影响控制在资源供给能力和环境自净容量之内，形成良性循环，实现经济和环境双赢。在强调节约集约利用资源的同时，还倡导追求经济社会环境协调发展，明确提出不能对环境造成污染或者破坏，不能超越环境的最大承载力，导致其恢复能力减弱。

(三) 坚持创新驱动原则

绿色公路其实就是以环境保护、资源节约和可持续发展为目标的公路建设。绿色公路是绿色交通的一部分，更是整个社会可持续发展的重要一环，这不是一个单项的任务，也不是一条公路就能完成的任务，是基于未来发展的交通系统任务。创新是公路发展的强大驱动力，在公路运营过程中同样要把创新贯穿各个环节。因此，昔榆公司大力推进理念创新与技术创新，强化科技创新引领作用，为昔榆高速公路的绿色运营注入强大动力。

第二节 绿色运营管理

着眼全寿命周期，昔榆公司以节约资源、节能减排、环境保护、服务提升为目的，将绿色公路运营划分为节水与水资源利用、节能与能源利用、环境保护、服务提升四大部分。着眼不同运营场景，昔榆公司绿色公路运营可划分为高速公路路段运营与服务区运营两大部分。

一　高速公路路段运营

（一）分布式光伏发电

2021年12月，国务院印发《"十四五"现代综合交通运输体系发展规划》，明确指出，鼓励在交通枢纽场站以及公路、铁路等沿线合理布局光伏发电及储能设施。2022年8月，工信部等五部门联合印发《关于印发加快电力装备绿色低碳创新发展行动计划的通知》，其中明确指出，推动光伏与5G基站、大数据中心融合发展及在新能源汽车充换电站、高速公路服务区等交通领域应用。因此，高速公路光伏发电项目是以绿色发展为理念，充分利用高速公路匝道空地、服务区和收费站屋顶、隔离带及路肩、边坡、部分停车区等空置资源，为高速公路运营提供更多低碳、绿色、环保的清洁能源的项目。

昔榆公司积极响应国家号召，顺应绿色清洁能源的发展趋势，按照"自发自用、余电上网"的消纳模式，利用高速公路站区屋顶、边坡、互通枢纽等场地，大力发展分布式光伏发电业务，致力于打造"高速公路+光伏"深度应用的全国高速公路绿色运营样板。运营期间，昔榆公司将在高速公路收费站、服务区、空地车棚、匝道、隧道出入口、低边坡等全线区域安装分布式光伏发电设备，利用高速公路周边设施的闲置空间进行太阳能发电。

1. 隧道顶部山体与入口空地应用光伏发电系统

昔榆高速公路线路较长，建有多条隧道，不少为山区隧道，电网接入困难。采用固定支架布设形式在高速公路沿线隧道的顶部山体或者隧道前方的空地安装太阳能光伏发电系统（图7-1），以"光伏+储能"方式建设，可为高速公路隧道内的风机与照明设施提供电力能源。通过微电网带来绿色清洁的电力，相对于复杂的电网接入，光伏发电微电网更便捷实用。

2. 公路沿线或山区服务区边坡应用光伏发电系统

高速公路沿线的边坡面积较大，可利用边坡坡面提高对太阳辐射的利用率，将光能转为电能。在高速公路沿线边坡处，采用轻质化PERC[①]叠瓦组件和大跨距高支架柔性系统布设安

[①] PERC：Passivated Emitter and Rear Cell，发射极和背面钝化，PERC技术是一种用于太阳能电池板制造的高效技术。

装太阳能光伏发电系统(图7-2)。通过进一步优化钢索排布方向、固定方式,以及轻质组件布局间隙等,还可解决边坡草皮减少导致的水土流失问题。在高速公路两侧边坡铺设光伏组件发电,并搭配可直接粘贴的轻质组件和双面发电的光伏组件,能更好地满足电子标识标牌、收费龙门架、监控、通信基站、警示灯、雾灯等设施设备用电需求。

图7-1 隧道前方地面安装的光伏发电板　　图7-2 边坡光伏发电板

3. 高速公路收费站以及匝道互通区域应用光伏发电系统

高速公路匝道互通区域,一般距离收费站近,且面积较大,铺设集电线路和运维成本较低,同时该区域对通信的要求也相对较高。因此,在高速公路沿线控制区匝道互通范围内以及建筑物屋顶,选取适合铺设光伏组件区域,建设分布式光伏发电系统[后置式光伏(BAPV)或一体化光伏(BIPV)方式],用于解决高速公路收费站收费现场、办公区、生活区日常用电需求,如图7-3所示。此外,在高速公路收费站以及匝道互通区域安装太阳能光伏发电系统,也能够满足高速公路5G基站运营所需的庞大用电量,为5G基站与移动网络服务提供稳定、可靠的用电供给。

图7-3 管理中心屋顶光伏建设

4. 高速公路服务区应用光伏发电系统

由于高速公路服务区内有大量的照明与公共设施,在高速公路公共服务提档升级的要求下，全线各类设施设备的用电量显著增长。为此，利用高速公路服务区、客货场站的建筑屋顶、停车棚等空置资源，合理布局分布式光伏发电设施，打造"车棚光伏+屋顶光伏"发电模式，如图7-4所示。同时配套建设快速充电桩（站），推广光储充一体化智能充电设施，可为服务区内照明设施、卫生间排风机、交通道路显示大屏、交通广播等公共设施供电，并合理匹配用电需求，提升能源利用率。

图 7-4　高速公路服务区安装太阳能光伏板

在运营期内，依托昔榆高速公路全线可利用的土地资源，建设分布式光伏发电系统，达到高速公路降本增效的目的，更顺应了国家能源政策的发展趋势。同时，光伏电站运维管理可与高速公路日常运营管理一并统筹，发电量可供高速公路运营使用，实现及时就地消纳。与一般集中式光伏电站相比，高速公路分布式光伏项目具有施工快捷、管理方便、不新增建设用地、可充分消纳等优点。

昔榆高速公路分布式光伏系统投产后将提供充足的绿电供应，每年减少排放温室效应性气体二氧化碳11.4万t，相当于种植640万棵树，有效助力绿色低碳交通高质量发展，有效促进高速公路沿线生态环境良性循环，在交通运输领域形成良好的节能减排示范效应。

(二) 智能运营监测

高速公路路线长，影响范围广，具有监测因子多样，服务区、收费站及养护中心等点位污染集中等特点。因此，运营期间的在线监测工作与常规监测相比有较大差异，且高速公路运营期受雨、雾、雪等环境气象条件影响，同时产生空气、水、土、噪声等环境污染，并且电、水、燃油能源消耗量大。针对以上问题，昔榆公司提出绿色高速公路在线监测技术体系，如图7-5所示。在环境监测方面，从空气、水、噪声污染出发，针对监测项目、监测点布置和监测系统进行体系构建；在气象监测方面，从气象状况和路面状况出发，做好高速公路管理中心与气象部门的联合,建立高速公路气象监测系统平台;在能耗监测方面,以高速公路主线沿线和综合服务中心的水、电实时监测为主体,通过能耗分析平台系统,进行能耗结构分析、强度分析、趋势预测和监测报警。基于以上三个方面的监测数据和综合分析,为昔榆高速公路运营期恶劣天气预警、除冰雪方案制定、生态保护决策以及用能结构调整等管理决策工作提供依据。

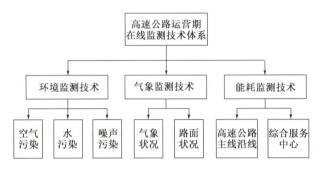

图 7-5　昔榆公司运营期在线监测技术体系

此外,在运营期间,昔榆公司计划使用高速公路智能巡逻机器人、高速公路隧道巡检机器人和隔离带清洁机器人,用于监测高速公路运行工况,包括应急车道违规占用情况监测、事故预警、路面流量信息和拥堵状况实时监测,以及现场能见度、降雨降雪量、风速等气象环境监测等。机器人活动区域如图 7-6 所示。

图 7-6　机器人活动区域

(三)安全服务

山西省冬季气候条件为干旱、寒冷,部分地区的路段容易出现冻坏问题,是公路运营工作中需要重视的关键安全问题之一。另外,在寒冷地区,冬季的主要运营管理工作为除雪。运营期间,昔榆公司计划采取以下防雪措施,如在适当位置装设防雪墙、防雪走廊,或使用环保型融雪剂,同时,种植一些树木特别是针叶树或其他植物,也能在一定程度上削弱积雪。在雨雪后,易形成冰面或暗冰,使路面摩阻系数降低,影响行车安全。对此,将采用洁净的粒砂、石屑或煤渣等物铺洒防滑,或者用盐水或粒盐降低冰点,防止结冻。然而,盐水或粒盐的大量长期使用,容易侵蚀破坏水泥混凝土路面。因此,昔榆公司还将采用高抗滑表层罩面,解决特殊路段如隧道口、长大纵坡、变速路段的抗滑安全问题,采用无机热管、抗凝冰材料等抗冰雪路面设备材料,解决冰雪等恶劣天气下的行车安全问题。

(四) 交旅服务

昔榆公司将围绕"高速公路撬资源"的发展新思路,探索高速公路支撑资源开发、资源反哺的发展新模式。大力推动交旅融合项目建设,结合高速公路沿线自然景观、地域风情和旅游资源,打造具有示范效应的综合特色交旅项目,使高速公路成为生态旅游、文化旅游的桥梁和纽带,实现高速公路从"走得快"向"走得好"转变。为此,昔榆公司积极开发高速公路沿线广告资源,在巩固户外广告业务发展的同时,逐步探索其他广告形式,如开发站岛、站亭的广告资源及新媒体资源业务等。

此外,昔榆公司计划积极研究如何联动与整合昔榆高速公路沿线分散的待开发矿产资源以及市政工程、绿化工程和土地整治等项目资源,采用"高速公路+综合开发"模式平衡项目投资及投资人回报。利用项目紧邻太行山区、旅游资源丰富的优势,构建"快进慢游"的综合交通旅游网。将施工临时便道升级改造,与沿线景色融合,建设旅游休闲设施,完善旅游软环境,其中,乡村旅游公路、自行车道、步道等的建设,对于把沿线景点及周边景区串联成珠、提高乡村旅游公路的通达性等具有重要意义。同时,完善路侧的旅游标识和旅游信息解说系统,为游客便利出行提供条件,并增设路侧服务设施、房车营地和观景台等。从提供便利通行和安全通行、打造人气路线及景点等方面服务高速公路使用者,实现吸引最大化、记忆最佳化。

(五) 生态环保常态化运营管理

加强运营期管理、保证各项工程设施完好和确保安全生产是生态环境保护最基本的措施。通过开展相关环保培训和认证,提高环境管理水平,杜绝环境事故,并强化固体废弃物污染治理的监督工作。此外,公路管理及养护部门应加强管理和宣传教育,确保公路绿化林带不受破坏。在运营期间,昔榆公司还将进行生态环境监测,监测植被的生长情况、动物数量变化情况以及生态系统整体性变化情况,确保生态系统稳定。

构建完善的生态环境保护责任体系,制定完善各项环保管理制度,通过各项制度办法明确各方职责、工作流程,以制度办法来保障落实各项运营管理工作。昔榆公司始终将绿色运营理念贯穿建设全过程,按照预防为主、保护优先的原则,做好运营期预防性常态化管理,如预防危险化学品车辆泄漏,全面加强生态环境保护工作。

(六) 交通服务设施养护

交通服务设施养护包括标志和标线的清洁维护更新、照明和信号灯的维护,以及确保无积存垃圾、水、冰雪、油类、化工类玷污物等,保持高速公路整洁美观,避免因标志和标线、照明和信号灯等损坏造成的交通意外。

高速公路具有车流量大、车速较快、重型车辆较多等特点,路面标线极易出现磨损与夜间不反光的情况。因此,昔榆公司计划每年进行标线的翻新及养护工作。在标线翻新养护工作中,以虚线翻新养护为主,因为虚线工程量较小,且起到分隔车辆、引导车流的作用,比翻新边实线效果要好;标线翻新必须铲除旧标线,因为铲除旧标线后,新标线才能更好地与路面黏结,耐磨损且不轻易脱落。此外,在危险路段适当设置减速标线,在出入口设置地面文字信息标线,均能起到引导车流、保证行车安全的作用。

在整个交通安全设施中,交通标志起着十分重要的作用。交通标志不仅能给高速公路使用者提供明确、及时与最足够的信息,还能对交通流进行组织和引导,对高速公路交通运行状况和公路使用者对公路的认识与理解有直接影响。因此,昔榆公司对交通标志的维修与养护工作高度重视。在运营期,昔榆公司将对螺栓进行常态化养护,包括螺栓的防锈处理及老化后的更换工作。同时,昔榆公司计划每年进行标志牌的清洗工作,发现污染严重的,及时更换反光膜,以达到清晰显示的效果。

二 零碳服务区运营

(一)服务区光储直柔一体化建设

昔榆公司计划在服务区建设光储直柔一体化系统,将光伏车棚、垂直轴风机、屋面光伏等设施上汇集的能源,合理分配到服务区各负荷点,实现服务区自发自用、余电上网,实现100%"绿电"供应。

"光储直柔"是一种新型能源技术,"光"是指分布式光伏系统,一般架设在服务区建筑表面;"储"是指分布式储能系统,主要是服务区建筑内部的储能装置,包括充电桩或其他蓄电池;"直"是指采用直流供电系统,减少交流-直流转换,提升用电效率;"柔"是指柔性用电技术,即直流电压变化传递对负荷用电的需求,进行自律调节,打造柔性负载。光储直柔系统一体化组成如图7-7所示。

电力系统本身是一个超大规模的非线性时变能量平衡系统,供需平衡对电网供电质量极为重要。传统模式下,从发、输、供、用各个环节上看,没有分叉和多元的情况。但是,新能源的大规模接入从根本上改变了"源随荷动"的运行模式。在新能源占比偏高的电力系统中,因新能源随机性、波动性影响巨大,发电出力无法按需实时控制。同时,伴随着大量新能源系统的介入,用电侧的负荷预测准确性也大幅下降。这就意味着发电侧和用电侧都无法精准控制。在新能源迅猛发展的背景下,光储直柔技术利用"源网荷储"理念,从建筑供能侧、传输侧、储能侧和用能侧进行全面优化。通过光储直柔,能够最大限度地调动负荷的可调节能力,实现服务区中分布式电源与负荷的互动,甚至将服务区中灵活可调的资源聚集起来,参与电力辅助服务,促进电网从"源随荷动"向"源荷互动"转变。

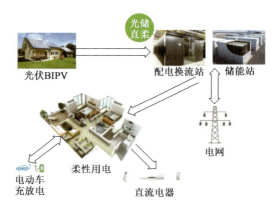

图 7-7 光储直柔系统一体化组成

光储直柔技术通过源网荷储协调互动系统,实现服务区内新型主体统一控制、灵活互补,充分发挥新型主体在电网移峰填谷的调节性能,在夜间用电低谷取能,降低运行费用,在用电高峰期亦可售电产生收益。

从社会效益上来说,光储直柔技术的使用使得配电网的安全性进一步提高,服务区能源系统的韧性高(可独立于大电网运行数小时或数天),可自治、可自愈,具备自启动自恢复能力。因地制宜地建设分布式光伏,结合储能、蓄能配置定制化智能微电网,可实现服务区零碳"绿电"自发自用,同时减少碳排放,实现绿色低碳节能目的。光储直柔系统建设如图 7-8 所示。

图 7-8 光储直柔系统建设

(二)服务区充电基础设施建设

在国家能源政策的引导和推动下,新能源电动汽车日渐增多,并且逐渐由轻型客车向重型货车扩展。昔榆公司计划通过"光伏发电+谷价储能+充电桩放电"的运营模式,利用收费站和服务区的车流优势,为汽车提供充电服务,实现光伏发电量的利用、消纳和盈利。利用收费站在城镇周边的地理位置优势,路网内服务于高速公路上的车辆,路网外服务于收费站附近的社会车辆,通过开放经营实现开源增效。

在服务区和停车区建设充电站(桩)等能源补给设施,为新能源汽车营造绿色便捷的友好出行体验,助力"双碳"目标实现。昔榆高速公路全线共计建设充电站10座,其中:昔阳南收费站2座、昔阳南服务区2座、修文收费站6座。充电站设置如图7-9所示。借助丰富的高速公路通信管道资源,昔榆公司正探索与下一代长途干线光缆网的联合建设,减少管道资源浪费,提升后期运营收益,实现社会效益最大化。

图7-9 充电站

(三)服务区供暖零排放——太阳能+地源热泵

服务区(站)远离市区,冬季时无法集中供暖,因此大部分服务区采用燃煤锅炉的方式实现供暖,能源利用效率低、碳排放量高,对环境污染严重。为落实绿色低碳循环发展理念,昔榆公司采取太阳能+地源热泵的方式,通过跨季节储热供暖、复叠式热泵供暖、空气源热泵储热供暖等多能互补的技术方案,并依托远程监控平台实施精准控制。地源热泵技术是可再生能源应用的主要方向之一,即利用浅层地热能资源进行供热,具有良好的节能与环境效益,有效降低供暖能耗,实现高速公路服务区供暖零碳排放。

太阳能+地源热泵的节能效果主要体现在夏季制冷与冬季供暖两大方面。夏季制冷季时,将室内的热能通过一系列的设备转换储存进地层,从而实现夏季制冷的需求。冬季供暖季时,通过一系列的设备转换将夏季储存进地层的热能提取出来,从而实现冬季采暖的需求。其最显著的特点就是,在实际应用过程中,电能消耗量较之前传统的供暖方式要相对较低。有关调查研究表示,热泵每消耗1单位的电能就可以产生大约3~5单位的热能。因此,地源热泵技术的推广和应用,在促进能源利用率有效提升的同时,也实现了节能环保。

此外,昔榆公司在服务区、收费站等场所的采暖上均使用清洁能源,且禁止修建燃煤锅炉等碳排放量大的设施,有效降低碳排放。

(四)服务区智慧化零碳运营

昔榆公司计划对服务区进行基于交能融合零碳理念的智慧化升级改造,秉承全方位资源循环利用的建设思路,实现服务区智慧化零碳管控目标,功能模块包括智慧停车场、智慧路灯、服务区全域 AI 识别系统、无人超市系统、智慧卫生间与全热交换新风系统等,使服务区绿色能源利用得到充分体现。

1. 智慧停车场

昔榆公司计划打造服务区智慧停车场,主要采用车位引导系统,对进出停车场的停泊车辆进行有效引导和管理。该系统可实现方便快捷停车,并对车位进行监控,使停车场车位管理更加规范、有序,提高车位利用率;车场中车位探测采用地磁探测器或视频车牌识别技术,对每个车位的占用或空闲状况进行可靠检测,管理系统将所有探测信息实时采集到系统中,随后借助计算机将引导信息即时反馈给每个引导指示信号器。

2. 智慧路灯

为了使昔榆高速公路沿线服务区实现绿色化、低碳化运营,昔榆公司在服务区内应用智慧路灯,其具备智能感知、智慧照明、设备协同、节能降耗等丰富功能,可以实现高速公路路况精细感知、路段全局监控、事件快速响应,辅助车辆安全便捷通行。智慧路灯的杆体高度设计为 12m,配备智慧照明,挂载 LED 显示屏、摄像头、广播音柱、无线路由器等,并且支持加装环境传感器,如图 7-10 所示。所有杆载设备通过网关集中接入上云,基于云端便可完成对所有设备的状态监测、功能控制和数据采集。

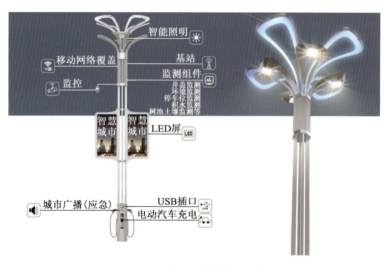

图 7-10 服务区智慧路灯示意图

一是服务区智慧路灯智慧照明,通过网关可定制灯控功能,满足对灯具亮度调节、远程开关、定时开关的集中控制,支持同步采集用电数据,提供节能减排方案。二是服务区智慧路灯配有 LED 显示屏,通过网关的千兆网口传输数据,可由管理中心远程上传发布路况通知、引导指示、媒体广告等。三是服务区智慧路灯搭载安防摄像头,利用网关的 POE 功能❶,实现千兆网口通信供电二合一,服务区智慧路灯控制云平台加装视频管理系统,支持在线查看监控画面、视频回放、截图、数据叠加等。四是服务区智慧路灯搭载环境传感,由于网关设计有多功能接口,适配接入温度、湿度、风速等多种环境传感器,可准确监测区域环境状况。

3. 服务区全域 AI 识别系统

昔榆公司将针对特定区域摄像头部署 AI 识别算法,根据拍摄画面、图像等信息轻松识别地点、物体和人员活动。例如,对人员异常行为进行识别,对加油站进行火灾检测、卸油操作流程规范性检测,防范风险。同时,根据人车行为,实现更加精准的客流统计、消费行为分析,支撑经营策略持续优化。

4. 无人超市系统

昔榆公司将在沿途服务区设置无人超市,配备智能门禁、智能监控软件、智能语音系统、智能灯光控系统、自助收银机、速通闸机等软硬件设备,实现完全无人值守、24h 营业,为消费者提供全新的购物体验。

5. 智慧卫生间与全热交换新风系统

昔榆公司将在部分服务区设置智慧卫生间,智慧卫生间入口安装有电子显示屏,可以显示厕位平面图、坑位实时占用情况,客流统计传感器可实时监测入厕人流数量。环境传感器监测卫生间温湿度、气味等数据,智能离子新风系统根据命令自动运行,达到除臭和清新空气的目的。

全热交换新风系统的工作原理为,当室内空调排风和室外新风分别成正交叉方式经过热交换器时,由于平隔板两侧气流存在着温度差和水蒸气分压差,两股气流间同时产生热传质,引起全热交换过程。全热交换新风系统将整体平衡式通风设计与高效换热完美结合,系统配置了双离心式风机和整体式平衡风阀,系统从室外引入新鲜空气,在不开窗的情况下完成室内空气置换,同时在排风过程中回收能量,实现低碳减排、降低能耗的目的。

(五)服务区房车营地建设

面对日益多元化的出行需求和服务区自身可持续发展的要求,将过去把高速公路服务区定位为"为了去洗手间而停留的设施"转变为"以休闲旅游为目的的商业设施"是目前服务区运营者的普遍认识。因此,通过功能拓展并配合硬件设施的改造,无疑是昔榆公司实现服务区转型发展的重要途径。

---

❶ POE 指的是在现有的以太网 Cat.5 布线基础架构不做任何改动的情况下,在为一些基于 IP 的终端传输数据信号的同时,还能为此类设备提供直流供电的技术。

房车营地是可以满足房车生活补给和供人休息的场所，它存在的关键在于满足房车的部分补给。高速公路服务区房车营地则是在高速公路服务区内设置的满足房车生活补给、供人休息的场所。按照提供的服务内容，可将高速公路服务区房车营地大致分为基础补给型营地、标准型营地和旗舰型营地3种形态。

山西的旅游资源在小长假、黄金周假期表现得更为突出，会吸引经济发达地区自驾游游客前来。由此，昔榆公司计划在经济发达地区向中西部旅游景区的沿途，设置数量结构合理的服务区房车营地（图7-11），并以基础补给型营地为主、标准型营地为辅，同时旗舰型营地应特点突出。

图 7-11　服务区房车营地

占地面积是反映服务区服务供给能力的基本要素之一，直接决定了服务区服务能力的大小。昔榆公司计划在重点区域扩大服务区房车营地占地面积，主要包括停车区、生活区、娱乐区、商务区、运动休闲区等。借助高速公路服务区四通八达的优势，房车营地为新兴房车旅游打造全新服务区自驾营地，也为往来驾乘人员提供更加优质的服务。结合服务区的实际情况，房车营地为广大旅客准备多个房车停车位，安装多套汽车充电设备、多套自来水和废水或污水处理系统，为房车提供电力和用水补给服务。在房车营地休息的驾驶员到达营地后办理一张一卡通卡片，之后便可以在营地享受完全免费的加水、废水处理、露营等服务，同时营地还配备了安保人员，保证入住房车及人员的安全。

昔榆公司以满足需求为核心，以提高高速公路服务区服务品质和提高经济效益为宗旨，既充分考虑占主体但功能相对单一的补给型房车营地的需求，也兼顾少量但功能全面的综合型、旗舰型服务区房车营地的需求，通过完善高速公路服务区功能配置，更好地促进高速公路服务区社会效益和经济效益的发挥。

(六)水资源节约利用

1. 设置节水设施设备

在服务区、停车区、收费站、隧管站使用节水型水嘴、节水型便器、节水型便器冲洗阀、节水型淋浴器、节水型洗衣机等节水设备。对于机具冲洗、设备冲洗、车辆冲洗、路面喷洒、绿化浇灌、搅拌、养护等的用水,优先采用基坑降水等非传统水源,尽量不使用市政自来水。机具喷洒、设备喷洒、车辆冲洗、养护用水等设立循环用水系统,并搭建工程废水、生活污水等可再利用水的收集处理系统,使水资源得到循环利用。在沿线适当区域建立雨水、中水或可再利用水的搜集利用系统,将雨水直接利用和间接利用相结合,提高利用率。此外,昔榆公司还采用排、蓄水工程一体设计,配备蓄水设施收集路面径流。

2. 污水生态处理技术

高速公路服务区污水主要为冲洗厕所污水和餐饮废水,其中以卫生间冲厕用水量最多,占40%以上。污水中有机物浓度较高,主要污染物为悬浮物、碳氢化合物、蛋白质、动植物油、氮和磷化合物、表面活性剂、微生物和无机盐等。服务区污水 COD 值一般在 300～400mg/L 之间,氨氮值一般在 30～90mg/L 之间,属于高氨氮的生活污水。为此,昔榆公司要求所有服务区遵循污废水合流制,即厨房废水经管道收集排入室外隔油池,经隔油池处理后排入场区污水主管,污废水重力自流排入室外污水管,汇集的污水使用 MBR 污水处理工艺进行处理,处理达标后可实现水资源的再次利用。

MBR 法是将膜分离技术和活性污泥生物反应器的生物降解作用有机结合的新型污水处理工艺,它利用膜分离设备将生化反应池中的活性污泥和大分子有机物拦截,省掉二沉池。MBR 工艺通过膜的分离技术大大强化了生物反应器的功能,使得活性污泥浓度大大提高,生物反应效率加快,出水水质更好。并且,该处理工艺的最大优势是处理后的污水可以作为中水回用。

MBR 法处理技术流程是将污水原水经化粪池处理后,经过格栅池、调节池、水解酸化池进入 MBR 池,经 MBR 膜反应器的膜过滤作用可以得到清水,清水经过消毒流入中水贮存池,经管道可以回用于绿化、人工湿地景观、厕所冲洗、场地冲洗、地表降温降尘等。MBR 法技术处理流程如图 7-12 所示。

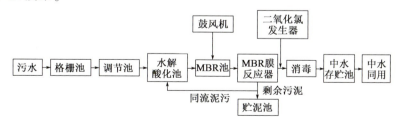

图 7-12 MBR 法处理技术流程图

第三节 绿色运营成效展望

清洁能源高效化

大力推广清洁能源是建设和谐社会、节约型社会和环境友好型社会的基本要求。昔榆公司加快推进"气化工程",计划在运营期间积极开发利用太阳能、地热、生物质能等可再生能源,广泛推行清洁生产,逐步构建能耗低、污染少的公路运营管理体系,实现经济、社会和生态环境的可持续发展。昔榆公司秉持绿色发展理念,高标准、高质量推进昔榆高速公路绿色运营,持续推进节能降碳。总之,昔榆公司严格落实能源消耗总量和强度"双控"制度,抑制公路运营管理中不合理的能源消费,加快构建节约高效、清洁低碳的用能模式,持续降低碳排放强度,积极保护当地环境,助力能源体系绿色低碳发展。

旅游资源多样化

旅游资源既是自然环境的组成部分,又受到自然环境的影响与制约。旅游资源的开发利用应遵循属地原则,即在旅游资源地进行开发。在开发利用中,昔榆公司重视资源保护,一方面减少其自然的、人为的破坏,另一方面进行生态恢复与环境保护等,延长资源的使用期限。同时,昔榆高速公路的旅游开发不仅应深入研究旅游资源的文化内涵,更应采取一定的措施,充分展现蕴涵于景观之中的文化内涵,使旅游者由单纯的表面旅游演化为内涵旅游,增加旅游资源的吸引力。昔榆公司严格把握项目沿线景点特色,认准其文化内涵,加速旅游资源开发,带动区域经济发展。

经营效益多元化

高速公路服务区涵盖了高速公路区域附近人们所需要的所有基本服务,如餐饮服务、停车加油服务、休闲娱乐服务、后勤保障服务等。随着经济的发展和人们生活水平的提高,人们的需求开始向高速公路延伸的服务转变,这就要求高速公路服务区管理者对服务区重新进行功能定位,合理调整服务区经营策略。为此,昔榆公司在调整方向上主要考虑多样化和全面性,针对市场需求适时调整服务区的分类和规划,将光伏、旅游等资源开发与高速公路运营一体化实施,在高速公路出入口、互通立交、服务区等毗邻区域实施土地综合开发,开展仓储物流、客运场站、信息服务等业态的开发经营,打造高速公路"路衍经济",提升高速公路整体效益。这也是经营服务区面向市场,向更好、更快的高速公路服务区转变的必经之路。

四 绿色运营可持续化

昔榆公司在运营过程中树立绿色发展理念,紧紧围绕当地交通发展需要,重视逐步实现公路运营管理与生态保护的一体化发展。此外,昔榆公司在充分利用好现有的人力资源、设备器具的基础上,从生态环境监测、资源占用控制、能源消耗减少、污染排放降低、生态环境保护、公路功能拓展、服务水平提升等方面抓起,全面提升资源节约、生态环保绿色运营管理水平。

第三篇
PART/03

综合篇

第八章
CHAPTER 08

安全智慧

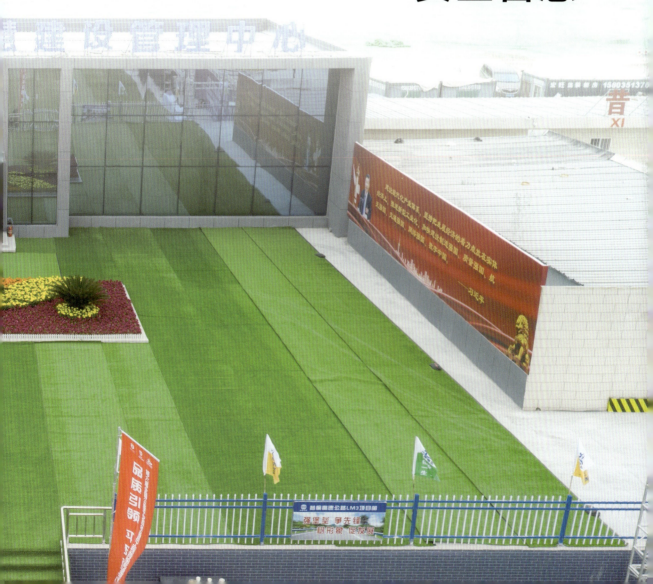

第一节　安全智慧概述

 安全智慧定义

安全智慧涉及绿色公路发展对交通安全和智慧运营的新要求。安全智慧是指利用高科技信息技术，使用感应化、物联化、智慧化的方式，感应并获取绿色公路建设过程中的重要信息，从而对各种绿色公路的建设需求作出智慧反应。实现绿色公路建设的智慧化管理与运作，确保绿色公路的建设安全，有利于社会和谐可持续发展。

 安全智慧特征

(一) 高效省时

运用物联网等新一代信息技术对公路建设数据进行分析，能够及时发现生产安全隐患并利用监控探头查明隐患原因，并迅速上报，有助于工程施工管理人员在第一时间进行管理，提升管理效率。

(二) 智慧化

智慧化是绿色公路安全智慧管理的主要特征。传统的公路管理系统主要由人来进行管理，机器的作用只是被动地按照人的指令行事，而安全智慧管理系统利用高科技信息技术，使得管理系统更具智慧化。依据提前设定的程序，安全智慧管理系统可以根据现实情况调整相关指令，使得绿色公路的管理更有秩序和效率。

(三) 安全便捷

绿色公路安全智慧管理能够及时向建设单位及施工部门传递安全信息，方便其进行施工事故预测，提前采取预警措施，降低事故发生率。同时，安全智慧管理系统还可以通过相关软件为公众出行提供各方面交通信息，方便公众选择合适的交通工具和出行时间，并且尽可能帮助出行者避开拥堵路段。

(四) 大数据支撑

安全智慧管理系统的应用基础就是依靠大数据进行数据的收集与分析。在"数据为王"

的时代,大数据技术的发展为安全智慧管理系统的建设与完善提供支持和保障。

第二节 安全智慧监测

一、设备监测

(一) 总体概况

昔榆高速公路在建设过程中广泛使用各种大型机械设备,这对提高施工效率、保障施工进度、降低施工成本起到了关键性的推动作用。但是,大型机械设备操作本身带有一定的危险性,如果在设备操作过程中存在不规范行为,或是安全监管不到位,一旦发生安全事故,将会严重危害设备操作人员乃至现场施工人员的人身安全,同时也会影响项目施工进度。

为此,昔榆公司通过安全智慧管理平台加强对大型机械设备的安全管理与监测。借助安全智慧管理平台,可以规范施工人员对设备的操作行为,提高风险防范意识,提升昔榆高速公路的建设水平。

安全智慧管理平台视频监控系统包括前端监控设备、项目部监控中心、监理部监控中心、建设项目监控中心四大部分。前端监控设备布设位置包括:工地试验室、梁场、钢筋加工场、拌和站等临建设施内部;特大桥梁、40m以上高墩桥梁、跨线桥梁等桥梁工程施工现场;隧道洞口、二次衬砌养护台车、掌子面等隧道工程施工现场;高填、深挖路基等路基工程施工现场。视频监控系统具有危险行为识别、影像定期保存等功能,实现施工现场远程可知、安全违章行为(如不戴安全帽等)可查。昔榆高速公路视频监控平台如图8-1所示。

图8-1 昔榆高速公路视频监控平台

(二)机械指挥官监测

机械指挥官是成熟、可落地的数字化管理方案,专注于建设场景下的工程机械物联网管理。机械指挥官面向施工涉及的关联要素及施工全过程,依托物联网、三维地理信息系统、大数据等技术,通过智能监控传感器,实现施工过程中数据动态采集与分析,全面掌控施工状态,智能识别异常状况,达到对工程建设工地智能管控的目的。

机械指挥官将机械智能化管控技术用于施工工作,为昔榆高速公路提供智能化设备管理系统所需要的硬件和软件,更好落实设备信息化管理。一方面,通过工时管控、设备工作状态和工作台班的统计与分析、燃油检测情况和异常报警情况的统计与分析,清楚识别正常工作与怠工情况。另一方面,利用安装在机械上的各类传感器,将机械的活动状态、工作时间、地理位置、工效指标、能耗指标等实时数据上传至云端,实现对不同类型机械的远程实时监控。通过一系列的数据对比分析,及时调整机械和人员,进一步释放现场管控资源。机械指挥官在实现机械设备智能化管理的同时,还能够节约资源,显著降低设备使用成本,助力项目提质增效。

(三)架桥机监测

在桥梁的上部结构施工中,对于施工条件地形复杂、施工环境较差的工程,优先采用不受地形条件及运输限制的移动模架方案。在架桥机移动模架施工过程中,主观与客观因素等随时影响移动模架施工的安全,移动模架一旦发生结构安全事故,不仅会影响整条公路的正常竣工,而且会产生较为严重的负面社会影响。因此,为保证昔榆高速公路T梁架桥机移动模架全过程施工安全,昔榆公司开展了基于5G网络技术的架桥机监测与预警应用。

为保证施工安全,在架桥机移动模架关键受力部位布置了应力及位移传感器,通过安全智慧管理平台建立架桥机安全检查监测系统,实现对架桥机移动模架施工全过程的远程监测预警,为移动模架的安全运行提供技术保障,全方位保证架桥机的安全运行。结合架桥机的特点,利用计算机对架桥机天车纵向行程、高度、天车纵横向行程、起吊重量、重量超载、限位、整机水平度、桥机前支垂直度、起吊高度、整机纵横向行程及运行区域风速等进行实时测量、记录。再通过实时采集架桥机运营时各部位的运行状态、运行数据,进行计算机模块综合分析,以预警的方式对架桥机运行安全状态进行信息化监控量测,从而有效避免架桥机运转过程中存在的风险。架桥机安全检查系统包含架桥机防超载、防限位、防倾翻、防风速四大功能,能够提供架桥机安全状态的实时预警和控制。

 施工监测

(一)总体概况

昔榆高速公路全线已安装视频监控245路,用于接收已开工作业点的信息,监控及记录各

重点工程生产过程中产生的各种问题。昔榆公司可及时掌握工程进度、质量、安全、环保、文明施工等信息,保障其核心管理职能的稳定发挥。昔榆公司在各个施工区域安装完成45路智能摄像头,具备移动物体跟踪、不戴安全帽预警、火灾及有害气体监测等功能。施工现场若出现异常或事故情况,值班领导及人员可实现快速反应,通过指令电话和呼叫喊话系统,对项目部视频监控管理专员及工程施工管理人员进行辅助调度。

视频监控系统主要包括前端监控设备、项目部监控中心、监理部监控中心、建设项目监控中心四大部分。该系统用于对施工现场的全天候图像监控、数据采集和安全防范,保证施工过程安全、有序。昔榆高速公路沿线监控摄像头如图8-2所示。

图8-2 昔榆高速公路沿线监控摄像头

(二) 高边坡监测

高边坡滑动变形监测主要是通过监测边坡内部的应力、位移等物理量变化来实现的,其监测设备如图8-3所示。光纤监测技术以光源的波长信息为介质,在长期使用的可靠性、服役寿命和测量距离等方面弥补了传统方法的不足,适合高陡边坡的恶劣环境,满足了边坡实际工程中所需的精度高、覆盖率广和使用年限长等技术要求,为实现工程全寿命周期监测和安全风险评估提供了良好的技术支持。

图8-3 高边坡监测设备

高边坡监测系统可以对边坡进行长期远程在线稳定性监测,并作出相关稳定性预测预报,为昔榆公司和相关管理部门提供翔实的监测数据,为科学决策提供依据。高边坡监测系统在提高现场作业效率的同时,保障数据的真实性、准确性、及时性,实现施工过程规范管理、安全风险预警管控、数据信息智能共享。

(三)刚构桥传感测量监测

对桥梁工程而言,施工现场的程序非常复杂,管理人员要做好施工设备和施工人员的统筹协调工作,使各工序有序进行,显著提升工程建设的安全性和可靠性。如今,桥梁工程施工需要解决的首要问题是,采取什么样的措施来实现对施工现场的准确、高效监测。以往在桥梁工程施工时,施工现场的监督管理工作全部是由施工监理人员负责,人为的施工现场监测工作很难保证所有监测数据都具有较强的真实性,导致施工现场各种监测数据存在一定误差。因此,针对刚构桥施工现场的实际情况,应积极创建准确、稳定、高效的施工现场监测系统,使整个现场的施工质量和施工效率得到保证。

刚构桥施工现场监测系统通过实时监测和数据采集来掌握施工过程中的各项参数和指标,从而及时发现施工过程中的问题和风险,并采取相应措施进行调整和处理,以确保刚构桥施工的安全性、稳定性和质量。刚构桥施工现场监测系统主要由六部分组成,包括传感器布置、数据采集与存储、实时监控、报警系统、数据分析与评估、远程监控与管理。

1. 传感器布置

在刚构桥施工现场关键位置安装传感器,包括应变传感器、挠度传感器、位移传感器、温度传感器等,用于监测和记录施工过程中的各种物理量和变化。传感器总体布置如图8-4所示。

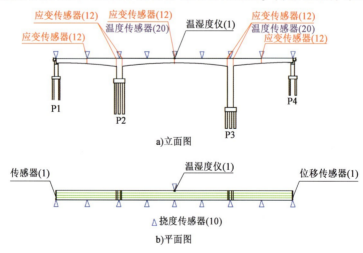

图8-4 传感器总体布置图

注:传感器括号数字为测点/传感器数量。

2. 数据采集与存储

通过数据采集设备,将传感器采集到的数据进行实时采集和存储,确保数据的准确性和完整性。数据存储可以采用本地存储或者云端存储方式,以便后续进行数据分析和处理。

3. 实时监控

在施工现场设立监控中心或者移动监控站,实时监测和显示传感器采集到的数据。监控人员可以通过监控界面查看各种物理量的实时数值,并及时发现异常情况。

4. 报警系统

建立报警系统,当某个物理量超过预设的阈值时,系统会自动报警。报警可以通过声音、光亮或者移动设备推送等方式实现,以便及时采取相应措施。

5. 数据分析与评估

对传感器数据进行分析和处理,包括数据清洗、趋势分析、异常检测等。同时,结合工程设计和规范要求,对施工过程中的各项参数和指标进行评估和判断,确保施工的安全性和质量。

6. 远程监控与管理

利用网络和远程通信技术,实现对施工现场的远程监控和管理。相关人员可以通过云平台或者移动应用程序远程查看实时数据、报警信息,并进行远程指导和决策。

针对昔榆高速公路的刚构桥施工特点,在全过程实时监测中,主要需要监测内容见表8-1。

刚构桥施工自动无线监测内容 表8-1

序号	监测内容	监测工具	监测结果
1	主梁应力	主梁关键位置安装应变传感器	应变传感器可以监测主梁的受力情况,包括弯矩、剪力和轴力等。通过实时监测主梁应力,可以判断其受力状态是否符合设计要求,并及时采取相应措施进行调整和处理
2	主梁变形	主梁关键部位安装挠度传感器和位移传感器	通过实时监测主梁的变形,可以及时了解主梁的结构变化,判断其结构稳定性,并采取相应措施进行调整和处理
3	温度变化	主梁表面安装温度传感器	温度的变化会导致主梁的膨胀和收缩,进而影响主梁的应力和变形

通过对主梁应力、变形和温度等参数的实时监测,可以及时发现问题和异常情况,确保刚构桥施工的安全性、稳定性和质量。根据昔榆公司主要监控内容,建立自动无线监测系统,实现施工过程中结构各物理参数的实时、同步监测与处理。

昔榆高速公路桥梁工程施工现场投入使用监测系统以后,不再需要安排专人全天24h

值守，并且能够详细掌握桥梁工程施工现场的每一个角落中发现的具体问题。监测系统对操作人员的专业技术要求不高，运行效果比较理想，避免了人为因素造成的检测数据混乱的情况。

（四）隧道安全步距智能监测

在公路隧道的开挖施工中，隧道工作面坍塌、突泥、涌水等情况时有发生。尤其是二次衬砌养护台车与掌子面间，隧道未做加固支护，加上掌子面作业人员集中，容易发生重大事故。因此，在隧道建设中，应重视隧道安全步距的监测。

为此，昔榆公司利用微波探测技术实现隧道安全步距智能监测，通过在二次衬砌、仰拱及施工面上安装隧道安全步距采集终端，实时掌控施工安全步距，如图8-5所示。对距离进行阈值设置，当测距距离超过设定的阈值时，系统实现自动预警，同时根据距离超标的等级分为预警和报警，并实时将数据反馈至管理人员，为管理人员执行安全施工提供有效依据。安全步距智能监测原理如图8-6所示。

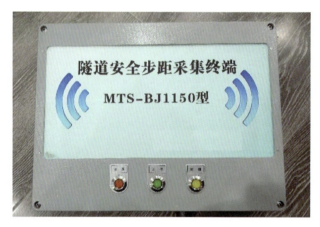

图8-5　安全步距采集终端

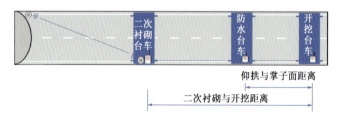

图8-6　安全步距智能监测原理图

隧道安全步距智能监测在昔榆高速公路隧道开挖中实现应用，管理人员可通过终端实时查看安全步距情况，其系统界面如图8-7所示。隧道安全步距智能监测实现了隧道安全步距的可视化、实时化、全天候自动监测等目标，具有安装简单、续航时间长、精准度高、效率高、可靠性高、对施工无干扰等优点。

图 8-7　隧道安全步距智能监测系统界面

第三节　安全智慧生产

一　平安交通系统建立

(一) 系统规划

建立平安交通安全管理平台,聚焦公路工程建设中各种不安全因素。立足昔榆高速公路建设,开展安全信息化管理,构建安全生产管理五大体系。平安交通安全管理平台使公路工程建设中人、机、管、法、环等要素过程管理可视化、痕迹化,促进了昔榆高速公路建设的安全动态管理,优化了工作流程路径,提高了安全管理的工作效率和执行力。同时,平安交通系统通过应用先进可靠的安全生产新技术及智能终端设备,提高了监管实效。

此外,为完善和落实安全责任链条及山西路桥集团的管理要求,深化源头治理、系统治理和综合治理,昔榆公司充分发挥平安交通安全管理平台优势,推进安全管理与控制的网络化和数字化建设,实现了建设周期安全工作的协同管理、协同监控和决策支持,有效提升安全管理水平,开启安全协同管控及创新发展的新篇章。平安交通安全管理平台界面如图 8-8 所示。

(二) 系统特点

1. *层层宣贯、系统培训*

昔榆项目公司、监理单位、施工单位针对平安交通系统层层宣讲,确保自上而下、由浅入深,力求每个人都能理解和掌握平台,自觉在生产作业中严格贯彻落实。各单位根据项目实际,进行总体部署和工作梳理,确保平台宣贯不流于形式,切实促进安全管理提升。同时,项目人员可以通过实操视频演示、上机操作、现场指导等方式,学习平台的七大功能模块。结合安全管理日常工作,可以在平台 PC 端、App 端查看风险评估、日常巡查、隐患排查、设施报验、应急演练、安全活动等工作的完成情况,并生成所需的档案资料。

图 8-8　平安交通安全管理平台界面

2. 以点带面、落地应用

平安交通系统从人、机、管、法、环五个方面源头治理,挖掘应用点、提出创新亮点,切实将平台应用与日常管理工作深度融合,推进系统全面应用。同时,落实一人一码、一机一码、一班组一宣讲、一风险一巡查、一工序一报验、一区域一检查、一危大一报告、一伤害一准备、一周期一考核、一重点一智控等原则,确保平安交通系统应用切实落地。

3. 以上率下、监督检查

昔榆公司要求各单位负责人提高政治站位,深化思想认识,精心组织实施,深刻认识平安交通安全管理平台在安全信息化过程中的重要地位。对安全管理系统的应用情况进行全面督查,带头检查整治,带头推动落地,引领带动项目上下开展平安交通建设。通过平台查一顶安全帽、查一台机械设备、查一处风险点、查一道工序报验、查一个区域隐患、查一次视频报告、查一处应急准备、开展一次周期检查,促进安全责任落实、安全管理提升、安全生产氛围形成。

4. 分阶考核、持续推进

昔榆公司建立考核机制,按照考核规则分阶段对平安交通安全管理平台应用和落实情况进行考核,把平安交通安全管理平台应用工作列为安全生产月度评价及年度考核内容。此外,对安全生产工作执行良好的小组和个人给予精神或物质奖励,对安全生产工作落实不到位的进行惩处,促进各级责任落实,持续提升安全管理实效。通过"抓两头促中间",增强各层级人员的责任感,推进安全管理持续向好。

二 平安交通系统应用

(一) 应用界面

1. 一人一档

平安交通系统对进场人员实行实名登记,建立人员安全管理信息档案。平台会生成每个进场人员对应的二维码,并贴于安全帽上。扫描二维码即可对该人员的基本信息、持证情况、三级教育、培训交底、班组活动开展情况等进行检查,达到人员细化管理的目的。人员信息管理界面如图 8-9 所示。

图 8-9　人员信息管理界面

2. 风险巡查

在施工过程中,针对施工特点、工序、技术、环境变化等因素,对重大、较大风险建立危险源管控清单,制定管控措施。同时,对每一危险源(桥梁、隧道、"三集中"场站等)开展风险巡查,并使用平安交通安全管理平台记录巡查结果,保证重大、较大风险管控到位。当管理人员接近危险源时,系统显示风险源列表并推送提示信息。此时,点击"危险源"即可查看危险源信息,包括风险因素、检查项及检查内容,点击"安全检查"可对风险源进行检查。风险巡查界面如图 8-10 所示。

3. 视频管控

平安交通系统对重点场所、重点区域、重点部位整合应用监控、监测、预警等技术，实现施工管理可感知、可预测、可决策。昔榆公司利用平安交通安全管理平台对每一个施工区域、施工现场开展日常巡查。另外，还通过拍摄视频的方式，开展定期检查和专项排查相结合的安全隐患排查治理工作，科学制定并有效落实隐患治理措施，做到排查、整改、验收、销号闭环管理，将施工安全隐患扼杀在萌芽阶段，将安全工作落到实处。视频管控界面如图 8-11 所示。

图 8-10　风险巡查界面

图 8-11　视频管控界面

（二）应用成效

物联网与人工智能正渗透到社会生活的方方面面，"物联网 + 安全管理"的模式将推动传统安全管理模式智能化升级。目前，平安交通安全管理平台正应用于昔榆高速公路的实际建设中，使得安全管理更加丰富多元，系统性和交互性更强，安全生产决策科学化水平不断提高，驱动安全发展。该系统平台通过系统化、流程化设计，将管理职责、管理内容明晰化、清单化，将无序、粗放的管理变为系统化、精细化管理。综合应用"信息化 + 智能终端"及"物联网 + 安全管理"，实现各级"零距离"集约管控，有效提升安全管理水平和安全生产经营水平，真正将安全工作落到实处。

第四节　安全智慧节能

一　智慧清洁用电系统

智慧清洁用电系统由检测装置、无线报警装置等组成，安装在电气线路和用电设备上，能够实时发现漏电、过载等安全隐患,并即时向管理人员发送预警信息,能够有效指导管理部门自主开展隐患治理,消除潜在的电气安全隐患。智慧清洁用电系统可以在规定范围内,完成各种信息的收集、解决、传送以及高度集成化共享,实现各种用电设备的自动化、智能化监管,是集感、传、知、用于一体的智慧用电管理系统。

智慧清洁用电系统的设计采用三层架构。感知层配置了电流互感器、剩余电流互感器、温度传感器、电气火灾探测器等采集设备,实时监测用电全部数据并通过物联网通信层布置的智能网关上传到应用层的监管云平台。经过大数据比对分析(日、周、月、年同时期用电情况),对引发电气火灾的主要因素(线缆温度、电压、电流、漏电流、电弧危害)进行不间断的数据跟踪与统计预测,同时实时监测电气线路和用电设备存在的安全隐患(如线缆温度异常、过载、过压、欠压及漏电等),及时向安全管理人员发送预警信息,达到消除潜在的电气火灾危险,实现防患于未"燃"的目的。

昔榆公司将智慧清洁用电管理系统内置在配电柜(箱)内的传感终端,以实时监测供电侧、用电侧安全用电参数,并通过无线传输技术上传至智慧清洁用电监控云平台,云平台不间断地进行数据的存储、分析、挖掘、利用,实现全周期安全用电监管。同时,智慧清洁用电系统选用等级分类控制、策略控制等技术和管理方法,完成用电设备智能化控制并实现电力能源运用的利润最大化,达到节能降耗的最终目标。与此同时,充分提高用电效率,从源头上积极促进昔榆高速公路节能减排目标的实现。

服务节能系统

(一)隧道通风智能控制系统

1. 施工期隧道通风智能控制

在隧道施工中,合适的通风方式将会提高通风效率,提高施工安全性,也能降低一定的经济成本。昔榆公司应用隧道通风智能控制系统,实现隧道开挖过程的通风控制。

通风智能控制系统综合利用现代传感器技术、计算机技术、网络通信技术、无线通信技术,实现对参数的实时监测与远程控制。通风智能控制系统主要由可编程逻辑控制器(PLC)监控系统、上位机组态软件系统、现场数据采集传感器系统三部分组成。通风智能控制系统配以计算机等各种外围设备,在软件的配合下完成数据的采集、分析等工作,以图表等多种形式显示在显示器上。

通风智能控制系统具备远程测控功能,实时监测风机工况参数,远程控制风机启动、停止等操作;当主风机出现故障或停电时,能自动切换至备用风机;当瓦斯体积分数超标时,能自动关停掘进机等生产设备的电源;能够在地面监控室通过计算机控制风机的运行,即在计算机上点击"切换测试"按钮,自动完成切换测试;能够监测风机的运行参数,如电流、振动等,当所测运行参数超标时,给出预警信号;每台风机控制柜配置100Mb/s以太网接口,使PLC控制柜能够直接通过光纤实现数据通信;地面监控软件能够记录风机控制系统操作运行的历史资料,包括风机切换时间、设备送电时间和停电时间等。

2. 运营期隧道通风智能控制

昔榆高速公路隧道通风控制采用前馈-反馈相结合的复合控制法,即以引起隧道内污染物浓度变化的主要干扰(车流量)作为前馈输入信号,并按污染物浓度偏差进行反馈控制,将二者相结合的复合式控制系统。

反馈控制是通过在隧道内各点的污染物浓度传感器,直接检测出行驶车辆排放出的污染物浓度值,将隧道内当前的污染物浓度与控制目标值进行比较。以不超过目标值为原则,经计算处理后给出控制信号,对风机的风量进行控制。但是这种控制方法不具备预测功能,与实际的状态相比常常产生延迟,运转时间也较长,易产生波动。由于反馈控制不及时,在此基础上加入前馈控制。

前馈控制是根据进入隧道前驱段的交通量信息以及埋在路面下的车辆检测器,实时了解隧道内的交通量、车辆运行速度等,通过检测交通量的状况,预测计算出隧道内的污染物浓度。前馈信号考虑由传感器测出来的污染物浓度,从而进行风量控制。这种方法从产生污染的原因出发,从交通流量入手,调整风机台数,以弥补扰动引起的输出变化,使被控量基本保持不变。前馈控制方法不仅不受系统延迟影响,还提高了系统控制精度。然而,单纯的前馈控制也有不足之处,如按干扰量大小进行的开环控制,对补偿结果没有检验手段,使得前馈作用未能消除偏差,系统无法校正。

综合考虑后,昔榆公司最终采用前馈-反馈相结合的复合控制法,不仅保证了通风控制的及时性,还提高了通风控制的精确度,对隧道内行车环境的控制和火灾救援将大有裨益。隧道通风智能控制流程如图8-12所示。

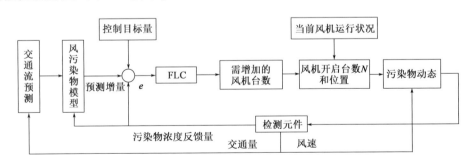

图 8-12　隧道通风智能控制流程图

注：FLC-空气流动控制器；e-预计空气流动速率。

（二）智慧收费系统

"云 + AI"智慧收费系统借助车路协同、云计算、大数据、人工智能等新一代信息技术，在高速公路收费运营变革的背景下，以更加集中、集约和集成的手段，推动高速公路收费模式从"粗放"模式向"智慧"模式迈进。为此，昔榆公司依托先进的数字化技术，推动传统依靠经验的决策向基于数据和数据价值的科学决策方式转变，围绕智慧收费场景，通过"智慧思维、先进手段、协同机制"，提升高速公路收费效率和服务管理水平，助力整个公路交通行业数字化转型升级。通过基于 AI 及各类智能技术的全面应用，集中资源提升收费场景的智慧化水平及赋能能力，有效提高昔榆高速公路运营管理和服务水平。

昔榆公司推动收费业务平台化和线上化，一方面依托平台集约化优势、规模化效益及信息获取的便捷性，有效降低线下人工业务服务成本，拓宽业务服务边界；另一方面，借助服务线上化的优势，有效提升服务的便捷性。无人收费站系统作为智慧收费第一阶段发展起点，主要是通过云计算、大数据和 AI 技术的应用，在车道前端以智能硬件和应用软件为载体，以软件即服务（SaaS）为形式，在少人或无人的人力资源配置下，保障车道收费业务的正常开展。无人收费站系统主要由无人收费站车道机器人和云端智慧客服平台构成。当收费站出现特殊情况时，为更好地保障车辆顺利完成正常交易和通行处理，在收费广场配置了一套移动智能应急处理终端，以便及时接收后台的指挥、调度指令，迅速解决收费车道以及广场滞留车辆遇到的交易问题。无人收费站系统功能组成如图 8-13 所示。

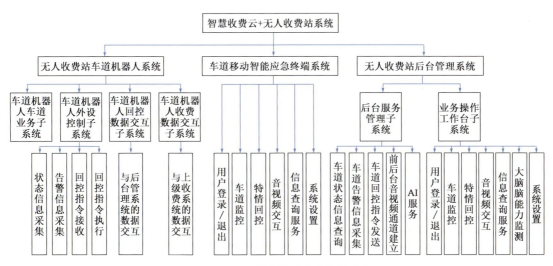

图 8-13　无人收费站系统功能组成图

在车道机器人和云端智慧客服平台的双重支持下，尽管车道上配置的现场收费人员较少，但这并不影响具体收费业务的开展。通过有效的资源整合，不仅增强了业务处理能力，而且减少了资源浪费，最终实现昔榆高速公路经营管理降本增效的目标。

第九章 CHAPTER 09

"党建+"融合发展，引领绿色高速公路建设

第一节 党建引领绿色发展要求

一 增强环保理念

（一）保护苗木理念

昔榆公司党委根据绿色发展要求，组织机关、绿化、监理、项目部开展了"携手添新绿，献礼二十大"联合主题义务植树活动（图9-1、图9-2）。一直以来，昔榆公司积极响应"固废利用、变废为宝"的号召，以实际行动深入践行"绿水青山就是金山银山"的理念。此次植树活动栽种的100余株苹果树苗全部是征拆红线内废弃的树苗，实现了资源的综合利用，达到了降本增效的目的。此次植树活动的开展，增强了党员干部的生态环保意识，提升了党支部、团支部的凝聚力和战斗力。在党建引领下，昔榆公司肩负起生态文明建设的责任担当，坚持在绿色发展中建功立业，坚定不移地做"苗木保卫战"的践行者和守护者。

图9-1 "携手添新绿，献礼二十大"联合主题义务植树活动

昔榆公司机关第一党支部、第二党支部也联合山西交控集团共享事务中心第四党支部和机关第十三党支部积极开展"绿化正当时　党员先锋在行动"联合主题党日暨义务植树活动，如图9-3所示。

图9-2 生态环境保护宣传条幅

图9-3 "绿化正当时 党员先锋在行动"
联合主题党日暨义务植树活动

(二)不进红线理念

昔榆公司党委始终坚持"多借景、少造景"原则,坚持对环境敏感区域、生态脆弱区域以及生态红线的"近而不进"。昔榆公司坚持党的领导,牢固树立红线意识,以生态优先和绿色发展为导向,因地制宜地将路域优质景观资源纳入路内,并对沿线原生树进行移栽,用于景观绿化工程,致力于建设好"生态堡垒"。

(三)科学选线与生态选线理念

昔榆公司党委科学谋划施工选线,在道路选线过程中,强化科学选线与生态选线理念,切实落实"尊重自然、保护自然、恢复自然"原则。在党建引领下,公司在施工图设计阶段进一步优化平纵面线形,减少高填深挖段落,减少对环境的破坏,合理进行土石方调配,减少弃方量。全线合理规划表土集中堆放区,后期用于生态修复,并对弃土场进行专项设计,最大限度地节约土地、保护耕地,用实际行动诠释了"红色党建引领绿色建设"的内涵。

二 营造环保氛围

昔榆公司党委组织开展生态环境保护系列宣传活动,在驻地及施工现场设立生态环境保护宣传专栏或悬挂宣传条幅(图9-4),积极营造生态环境保护氛围。同时,组建专项宣传小组,打响绿色建设品牌,并加大环保培训教育力度,使管理人员、施工作业人员的环保意识进一步加强。昔榆公司根据落实情况组织召开正面现场会和反面现场会,奖优罚劣,逐渐形成浓厚的比学赶超氛围,促进绿色环保施工理念深入人心。

图9-4　生态环境保护宣传条幅

三　加大品质工程宣传力度

2023年9月22日,第六届平安百年品质工程交流会暨山西昔榆高速公路绿色智慧双示范工程现场观摩会(图9-5)在山西昔榆高速公路召开。来自全国交通运输行业和公路建设领域的专家、学者、企业家共200余人进行现场观摩,详细了解昔榆高速公路全线智慧化应用、固废利用、"2+1"桥面沥青防水层施工、植物微生态修复、无人摊铺施工及智慧路面建设成果。

图9-5　山西昔榆高速公路绿色智慧双示范工程现场观摩会

坚持"绿水青山就是金山银山"的理念,昔榆高速公路打破了以往传统圬工防护形式,根据太行山区地质复杂特点,全线边坡针对不同的地质情况采取了不同的防护+绿化形式,同时从固废利用、永临结合、弃土造地、"三集中"场站、装配式施工、新能源建设、光伏发电、特色服务区、质量管理方面进行技术创新和实践探索。观摩会现场如图9-6所示。

图9-6 山西昔榆高速公路绿色智慧双示范工程现场观摩会现场

第二节 党建引领环保目标

 党建引领固废利用

固废利用指的是控制对环境的污染和从固体废物中回收资源的工程技术和管理措施。为持续推进固废利用工作,努力倡导绿色、低碳、环保的科学理念,昔榆公司做了很大努力,形成了党建引领、党员带头、人人参与的新气象。

(一)砂岩的利用

在路面底基层摊铺时,采用了道路固废利用技术,并取得了良好的社会效益。道路固废资源化工艺促进了公路建设环节节能减排,起到了良好的示范效应。砂岩等固废材料的再利用(图9-7),为昔榆公司在工程建设中提高固废综合利用水平、充分发挥固废材料性能提供技术支撑。

图9-7 砂岩再利用

(二)隧道弃渣的利用

昔榆高速公路工程项目隧道多且长,在施工过程中产生了大量的隧道弃渣。因此,昔榆公司决定将隧道弃渣全部进行回收再利用,通过筛选后绝大多数就地加工破碎,优质碎石用于隧道衬砌混凝土集料,次级碎石用于路面底基层,同时,碎石也可用于机制砂的生产,残渣用于填筑路基,最大程度提高利用率,有力贯彻零弃方理念。

(三)废胎胶粉的利用

昔榆公司将废胎胶粉用于沥青材料,既实现固废利用,也有助于改善沥青混合料的路用性能。党员干部带头进行项目调研,对胶粉复合改性沥青原材料选择、加工工艺、混合料配合比设计、混合料性能改善及混合料施工工艺等多方面展开研究,在施工关键技术上取得突破,最终形成胶粉复合改性沥青路面施工作业指导,并在昔榆高速公路部分路段中、上面层推广应用。

在党建引领下,昔榆公司以"党建红引领生态绿"为主线,对项目沿线固废分布情况进行调研,对固废资源化利用做了全面部署,成立固废利用领导组,并与各项目部签订目标责任书(图9-8)。同时,提出废旧材料再生利用的具体措施,并在山西路桥集团2021年固废利用专项考核中取得"优秀单位"荣誉称号(图9-9),为绿色发展作出昔榆贡献。

图9-8 目标责任书　　　　图9-9 优秀单位荣誉称号

二 党建引领水土保持

(一)水土保持管理体系

为深入贯彻新发展理念,促进水土保持高质量发展,推动党建与水土保持业务深入融合,做好昔榆高速公路的水土保持工作,成立以项目经理为组长的水土保持领导小组。该小组在党建引领下将做好路基防护工程施工期间的水土保持工作,切实推动党建工作与施工建设的深度融合,构建"一体部署、同步推进、共同问效"的党建工作格局,为达到水土保持的目标尽一份心、出一份力。水土保持领导小组架构如图9-10所示。

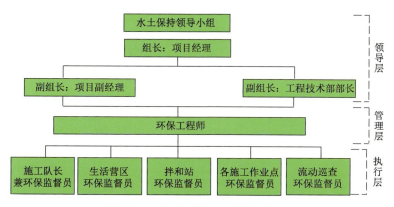

图9-10 水土保持领导小组架构图

(二)水土保持落实及防治措施

昔榆公司以党建引领、水土保持生态文明建设为抓手,将党建工作与水土保持工作同谋划、同部署、同落实。昔榆公司根据工程建设对水土流失的影响和当地水土流失现状,坚持预防为主、防治结合、因地制宜、因害设防、突出重点、合理配置、注重效益的原则,将"不破坏就是最大的保护"理念贯穿工程设计、施工、运营全过程,并以施工期新增水土流失防治为主要任务,提出了水土保持防治措施,使水土保持方案可靠可行。水土保持防治措施具体为:

对于路基工程防治区,施工前,施工人员剥离表土并进行集中堆放和临时防护;施工过程中,施工人员应永临结合设置边沟、排水沟、急流槽及蒸发池,并布设顺接措施与自然沟道衔接,路基边坡采用拱形骨架、生态护坡等形式进行边坡防护;施工后期,施工人员要在绿化区回覆表土进行综合绿化。

对于桥涵工程防治区,施工前,施工人员剥离表土,集中存放;施工过程中,施工人员应在桥台施工区布设临时拦挡,对桥基出渣采取苫盖措施;施工结束后,施工人员应进行土地平整,回覆表土,土地整治后要进行植草绿化。

对于隧道工程防治区,施工前,施工人员剥离表土;施工过程中,施工人员在隧道洞口周围布设排水及顺接工程,在洞口仰坡裸露范围内采取临时苫盖措施,在仰坡坡脚处采取临时拦挡措施;施工结束后,施工人员应进行表土回覆并绿化。

三 党建引领绿色施工技术

昔榆公司以质量优良、安全耐久为前提,在资源节约、生态环保、节能高效、服务提升四个方面实现突破,形成可复制、可推广的山区高速公路绿色施工技术。为推广绿色施工技术,昔榆公司还特别组织全线各施工单位项目经理、总工程师、各总监办总监、隧道负责人、梁场负责人、驻地组长共100余人在昔榆高速公路的部分施工现场召开现场观摩交流会,如图9-11所示。

图9-11　现场观摩交流会

第三节　党建引领党组织生活

一 丰富党组织生活

"三会一课"中的"三会"指定期召开支部党员大会、支部委员会、党小组会,"一课"指按时上好党课。昔榆公司严格按照上级党委要求,认真落实"三会一课"制度,严肃党内政治生活,立足项目建设实际,坚持实处着力与创新求活,把思想政治建设融入日常的党内政治生活中,将合格党员的标准立起来、优秀党员的样子做出来、模范党员的形象树起来,增强了基层党组织的创造力、凝聚力、战斗力。组织生活会、党员大会等党组织生活如图9-12～图9-15所示。

图9-12　组织生活会

图9-13　党员大会

图9-14　日常教育资料

图9-15　民主评议党员

二　加强党史学习教育

昔榆公司充分利用"党建+"模式开展线上微党课学习教育,设置项目党建专区,购置学习贯彻党的二十大精神辅导书籍及党史学习教育相关书籍。昔榆公司党委组织全体员工召开党史学习教育部署会。在此次会议上,公司党委全面宣贯党史学习教育动员部署会议精神,深刻领会开展党史学习教育的重大意义,准确理解目标要求,在项目全线掀起党史学习教育热潮,切实提高全体党员参与学习的积极性与能动性。图9-16～图9-18为昔榆公司各党支部组织召开的党史学习教育与主题党日活动。

昔榆公司坚持用党的创新理论武装头脑、指导实践、推动工作,把学习和调研落实到完成党的二十大部署的各项任务中去;主动担当、攻坚克难,在安全生产、技术攻关、质量管控、智慧建造等方面完成了一项项重大攻坚项目,党组织战斗堡垒作用和党员先锋模范作用得到充分发挥,主题教育取得实实在在的成效。

图9-16　一对一党史学习教育

图9-17　主题党日暨主题教育第五次集中学习

图9-18　"迎七一、忆初心、强党性"党日活动

在项目建设中,全体人员以"不破楼兰终不还"的决心,以"时不我待,只争朝夕"的紧迫感,以"千磨万击还坚劲"的斗志,全身心投入到昔榆高速公路的发展建设中,为山西路桥集团高质量、高速度、高效益发展筑牢根基。

此外,为进一步发扬革命传统、继承先烈遗志,昔榆公司党委组织开展"缅怀先烈忆初心　砥砺奋进强党性"主题实践活动(图9-19),追思革命先辈,缅怀革命先驱。以烈士纪念碑、党旗、烈士纪念馆为源泉,以实际工程建设为依托,全体干部职工敬献花篮、整理绶带,有序驻足瞻仰烈士纪念碑;紧握右拳,重温入党誓词,立志弘扬英烈精神;参观展馆,深入历史,感悟革命精神。此次活动全面贯彻落实党的二十大和全国两会精神,牢记初心使命,永葆忠诚本色,使广大干部职工接受了一次深刻的思想教育和灵魂洗礼。昔榆公司全体干部职工将以本次活动为契机,继续沿着英雄的足迹接续奋斗,坚持"实"字当先、"干"字当头,坚持问题导向、紧扣中心工作、注重成果转化,全力以赴投入昔榆高速公路建设中。

为深入学习贯彻习近平新时代中国特色社会主义思想,系统完整领会习近平总书记历次考察调研山西重要讲话重要指示精神,昔榆公司机关第一党支部、第二党支部组织党员、发展对象、入党积极分子、团员青年赴平遥开展"学思想　强党性　重实践　建新功"联合主题党日活动,如图 9-20 所示。

图 9-19 "缅怀先烈忆初心　砥砺奋进强党性"主题实践活动

图 9-20 "学思想　强党性　重实践　建新功"联合主题党日活动

三　强化廉政建设

昔榆高速公路是山西省重点工程、晋中市"一号"工程,投资金额大、建设战线长、参建单位多、社会关注度高,昔榆公司时刻面临着廉洁作风的考验,强化廉政建设已刻不容缓。昔榆公司在强化廉政建设的同时,尤其注重加强青年文化建设。青年文化建设是廉政建设的基础,只有将青年文化建设做好,才能在廉政建设的历程上事半功倍。

为打牢廉政建设的基础,昔榆公司领导班子狠抓中央八项规定的落实,把控关键节点、盯紧薄弱环节,力戒形式主义、官僚主义,整治"矛盾往上交、责任向下卸、工作往外推"等不良现象,成立各个部门的党员责任区,规定每个部门的责任人、责任区及职责标准(图 9-21、图 9-22)。党员责任区成为发挥党员先锋模范作用的平台,引领工程建设人员聚焦党建工作和生产经营,攻坚克难、提质增效。

图 9-21　纪检室党员责任区

图 9-22　安全部党员责任区

四 展现大赛风采

(一)"路桥杯"技能比武大赛

为进一步弘扬劳模精神、劳动精神、工匠精神,加强创新型、应用型、技能型人才培养,由晋中市总工会、山西路桥集团主办的第一届"路桥杯"技能比武大赛在昔榆高速公路项目建设现场举行。本次技能比武大赛的项目包括水泥混凝土抗压强度回弹法检测、结构物几何尺寸检测、压路机操作、湿喷机械手操作等(图9-23~图9-26)。比赛现场,参赛队员们严守规则、规范操作,聚精会神地操作着各种机械、设备,展示着熟练、精湛的操作技艺,充分展现路桥职工精湛的业务能力和高超的技术水准。在本次"路桥杯"技能比武大赛中,昔榆公司荣获团体二等奖(图9-27)。

图9-23 水泥混凝土抗压强度回弹法检测

图9-24 结构物几何尺寸检测

图9-25 压路机操作

图9-26 湿喷机械手操作

通过本次活动,进一步弘扬了"追求品质卓越、崇尚质量第一"精神,激发了技能人才创新、创效、创造活力,为向行业培养输出更多素质高、业务精、技能强的专业人才提供了坚强保障。

图 9-27 "路桥杯"团体二等奖奖章

(二)"质量月"技能比武大赛

为贯彻落实路桥集团高质量发展战略部署,深入实施质量提升行动,弘扬"追求品质卓越、崇尚质量第一"精神,昔榆公司组织开展了"质量月"技能比武大赛(图9-28、图9-29),充分展示了昔榆高速公路参建者精湛的业务能力和高超的技术水平。

图 9-28 "质量月"技能比武大赛——试验检测

图 9-29 "质量月"技能比武大赛——水准测量

此次比武练兵,既检验了技术人员及产业工人的现场实际操作能力,也激发了大家学习交流提升的热情,达到了锻炼队伍、提升员工业务素质的目的。昔榆公司将以此次"质量月"技能大比武为契机,以赛促优,确保工程质量,以赛促安,强化工人安全意识,以赛促建,工程全面大干快上,助推昔榆高速公路平安百年品质工程建设。

(三)微创新大赛

此外,昔榆公司积极参加第三届全国公路微创新大赛。全国公路微创新大赛是为推动公路技术、工法、工艺实践,鼓励创新、参与创新,提升施工作业标准化、专业化水平,助力行业技术进步而开展的一项活动。昔榆公司申报的"大型复杂枢纽保通设计的数字解决方案"获得金奖,"植物微生境生态修复技术"获得铜奖,如图 9-30、图 9-31 所示。以上两项奖项是对昔榆公司科技引领、科技创新的肯定,昔榆公司将珍惜荣誉、再接再厉,勇于担当、积极作为,进一步提高项目管理水平和创新创优能力,以创新思维、务实举措不断推进创新工作再出新亮点、再创新台阶,为推动企业高质量发展贡献智慧和力量。

图 9-30 "微创新"大赛金奖

图 9-31 "微创新"大赛铜奖

国家使命,交通强国;山西使命,转型综改;路桥使命,高质量发展。昔榆公司在党建工作引领下,坚持培育创新驱动、融合高效的发展动能,强化绿色安全的发展模式。昔榆人将以党的二十大精神为指引,自信自强、守正创新,踔厉奋发、勇毅前行,奋力打造一条绿色、品质、平安、智慧、廉洁、美丽的高速公路。

参考文献

[1] 吴新烨,傅树德,李政珂,等.基于交通强国视角的厦门市绿色公路建设实践探究[J].中国软科学,2022,(S1):142-149.

[2] HABIBI M,CHITSAZZADEH E,MOSAVI A. Green resources for safety improvement and sustainable landscape design:the case of a dangerous Tehran-Dizin road bend[J]. Resources, 2022,11(2):1-17.

[3] 交通运输部公路局,交通运输部规划研究院.绿色公路建设技术指南[M].北京:人民交通出版社股份有限公司,2019.

[4] 韩富庆,娄健,曾思清,等.基于绿色设计新理念的山区高速公路设计实践[J].公路交通科技,2020,37(S2):46-50.

[5] UCHEHARA I,MOORE D,JAFARIFAR N,et al. Sustainability rating system for highway design:A key focus for developing sustainable cities and societies in Nigeria[J]. Sustainable Cities and Society,2022,78:103620.

[6] 高硕晗,周建,徐岩,等.季冻区绿色公路建设技术管理创新与实践[J].公路工程,2019, 44(4):130-134,201.

[7] YOUNES M B,BOUKERCHE A. Towards a sustainable highway road-based driving protocol for connected and self-driving vehicles[J]. IEEE Transactions on Sustainable Computing,2022,7 (1):235-247.

[8] 陈小薇,曹红运,胡贵华,等.绿色公路建设典型示范工程调查与评价[J].公路,2022,67 (2):155-161.

[9] 屠书荣,秦绍清,王晓辉,等.基于过程控制的绿色公路评价方法和标准研究[J].中外公路,2020,40(6):327-331.

[10] 张正一,王朝辉,张廉,等.中国绿色公路建设与评估技术[J].长安大学学报(自然科学版),2018,38(5):76-86.

[11] 王慧觉,杨运娥.公路可持续发展能力建设的要点[J].武汉交通科技大学学报,2000, (4):413-416.

[12] 陈毕伍,廖晓锋.公路交通可持续发展评价指标体系研究[J].中国公路学报,2009,22 (5):111-117.

[13] XIONG X H,ZHANG L S,GAO J P,et al. Research and practice of green highway construction technology system[J]. E3S Web of Conferences,2020,145:1-4.

[14] 曾伟,赵建雄,王朝辉,等.绿色公路评估现状与发展[J].筑路机械与施工机械化,2016, 33(11):29-33.

[15] SHI Z W,LV K C. Retraction note:Green highway evaluation based on Big Data GIS and BIM technology[J]. Arabian Journal of Geosciences,2021,14(11):2590-1.

[16] 高毅,周洪坤,郑雯芳.公路设计阶段绿色评价体系研究——以康唐公路为例[J].建筑经济,2023,44(5):77-84.

[17] YAO K,LI M Y,FAN Q Q,et al. Study on green highway construction in mountainous hilly area[J]. E3S Web of Conferences,2020,165(8):04063.

[18] 兰旭,马超.绿色公路理念在高速公路设计中的应用[J].公路,2020,65(7):237-241.

[19] 马书红,王元庆,岳敏,等.高速公路建设管理现代化理论研究与实践探索[J].公路交通科技,2022,39(12):239-246.

[20] 步永洁.基于绿色公路理念的山区高速公路设计实践[J].交通节能与环保,2020,16(6):68-70,88.

[21] 周菲菲.基于可持续发展理念的绿色公路选线指标体系构建[J].公路,2018,63(7):106-111.

[22] 张瑞新,任廷祥.虚拟现实技术及其在采矿工程中的应用[J].中国矿业大学学报,1998,(3):11,13-16.

[23] 邵延秀,张波,邹小波,等.采用无人机载 LiDAR 进行快速地质调查实践[J].地震地质,2017,39(6):1185-1197.

[24] 张广泽,蒋良文,宋章,等.横断山区川藏线山地灾害和地质选线原则研究[J].铁道工程学报,2016,33(2):21-24,33.

[25] 李国和,李桂芳.采空区铁路工程地质选线研究[J].铁道工程学报,2012,29(10):15-20,100.

[26] 赵勇,李群,吴明作.生态影响综合评价方法在公路选线中的应用[J].公路交通科技,2005,(6):163-166.

[27] CUELHO E V,PERKINS S W. Geosynthetic subgrade stabilization—Field testing and design method calibration[J]. Transportation Geotechnics,2017,10:22-34.

[28] 朱春阳.山区公路自融雪纤维沥青路面施工及质量控制[J].中国公路,2022,(20):100-101.

[29] 欧阳文,曾广瑞.沥青路面材料的回收再利用分析[J].运输经理世界,2020,(5):13-15.

[30] LIU C C,ZHAO B,XUE Y H,et al. Synchronous method and mechanism of asphalt-aggregate separationand regeneration of reclaimed asphalt pavement[J]. Construction and Building Materials,2023,378:131127.

[31] 冯小龙.高速公路工程建设中的隧道洞口浅埋段施工技术[J].四川建材,2023,49(5):193-195.